5-7, rue de l'Ecole-Polytechnique, 75005 Paris

www.editions-harmattan.fr

ISBN : 978-2-343-20525-0
EAN : 9782343205250

Georg Brandes : F. Nietzsche, un essai sur le radicalisme aristocratique (1889)

Précédé de
La réception de Nietzsche dans le Nord
et la question du « radicalisme aristocratique »

5-7, rue de l'Ecole-Polytechnique, 75005 Paris

www.editions-harmattan.fr

ISBN : 978-2-343-20525-0
EAN : 9782343205250

OLIVIER CAULY

Georg Brandes : F. Nietzsche, un essai sur le radicalisme aristocratique (1889)

Précédé de
La réception de Nietzsche dans le Nord
et la question du « radicalisme aristocratique »

OUVRAGES DU MÊME AUTEUR

Olivier Cauly

- *Kierkegaard*, PUF, 1991
- *Comenius*, édition du félin, 1996
- Articles introductifs dans L'encyclopédie universelle de la philosophie (*la philosophie dans les pays du nord*, *les philosophies tchèques et slovaques*), PUF 2000
- *Les philosophies scandinaves*, PUF, 2000
- *Comenius et l'utopie du paradis*, philosophies, PUF
- *Mise(s) en scène de la répétition*, L'harmattan, Paris, 2012
- *Patocka, la culture de l'âme en péril*, chemins de pensée, les éditions Ovadia, Nice, 2013

I

« LE RADICALISME ARISTOCRATIQUE »

Essai sur la réception créatrice de la pensée nietzschénne dans le nord (1889-1900)

Friedrich Nietzsche, un essai sur le radicalisme aristocratique 1 (1889), 2 (1899) & 3 (1900) (*F. Nietzsche, En Afhandling om aristokratisk radikalism*) in : *Georg Brandes Samlede Skrifter* VII, Copenhague, Gyldendalske Boghandels Forlag, Hegels og Søn, 1901.

Olivier Cauly

INTRODUCTION

Georg Brandes
et le « gjennembrud » nordique.

Georg Brandes (de son vrai nom Moritz Cohen, 1842-1927) est un écrivain et essayiste danois qui enseigna longtemps à l'université de Copenhague où il n'obtint cependant pas de chaire en raison de son anticléricalisme militant. Excellent connaisseur de la littérature européenne, il publia de nombreuses études et biographies (*Kierkegaard*, 1877 ; *Henrik Ibsen*, 1899 ; *Goethe*, 1915 ; *Voltaire*, 1917). Il fut pour le nord l'équivalent de Mersenne au XVIIème siècle pour reprendre les mots de Leibniz : un médiateur et un passeur qui avait le don de reconnaître les talents et de les mettre en relation comme cela fut explicitement le cas pour Nietzsche avec les conférences que nous présentons ici dans leur édition danoise augmentée des lettres de Nietzsche et de deux articles postérieurs. Brandes publia d'ailleurs en marge de ces conférences un article en allemand dans *Die deutsche Rundschau* (1890) qui en reprend les orientations fondamentales et qui a fait l'objet d'une traduction en français. Dans son inlassable activité de critique, Brandes ne s'est pas limité à faire la présentation académique d'une œuvre qui n'avait fait l'objet d'aucun travail universitaire. Il fit connaître les uns aux autres en tissant des liens de parenté entre ces esprits à la fois proches et distants; c'est ainsi qu'il fut à l'initiative de la correspondance entre Nietzsche et Strindberg et qu'il lui fit remarquer qu'il y a dans le nord des natures apparentées à la sienne : celle de Kierkegaard dont Nietzsche ne semble pas avoir eu connaissance auparavant ; celle de Strindberg avec la fortune que l'on sait ; celle d'Ibsen enfin dont l'étoile paraît bien pâle du fait de la proximité affichée avec Strindberg sur l'épineuse question du féminisme et de la question sociale. Les jugements de Nietzsche sur Ibsen porteront de fait l'empreinte durable de cette relation et de cette influence, au prix d'un malentendu notoire comme on le montrera au cours de cet essai.

Le cycle des cinq conférences prononcées à Copenhague durant l'hiver 1888-89 a fait l'objet d'une édition séparée en danois augmentée de deux autres textes en forme de réponse aux critiques. Elle comprenait les douze lettres que Nietzsche lui avait envoyées l'année précédente. C'est d'ailleurs sur cette correspondance que Brandes s'est largement appuyé notamment en ce qui concerne la partie biographique et les derniers développements de la maladie de Nietzsche. On le voit d'ailleurs à la lecture de ces lettres, la relation n'est pas seulement formelle. Elle porte l'empreinte d'un certain pathos et l'on sent à quel point Brandes a pu rompre le glacis d'une longue solitude dans l'espace de ces quelques mois. Pour la première fois en marge de cette Allemagne impériale de médiocrité que fustigeait Nietzsche, une personnalité allait consacrer une étude d'ensemble à celui dont la pensée prenait la forme achevée d'une œuvre et essayer d'en donner au public cultivé d'Europe (en Scandinavie et en Russie notamment) une présentation d'ensemble nourrie des réflexions les plus récentes du philosophe sur son activité littéraire. Nietzsche, entretemps, s'était enfoncé dans un autre silence, beaucoup plus définitif : la correspondance s'arrête brutalement sur une série de billets énigmatiques. Les conférences se sont perdues pour lui. À l'époque où Brandes parlait à Copenhague, il était ailleurs et les fils noués avec patience étaient rompus depuis quelques semaines. C'est tout le paradoxe de la situation. Le Nietzsche inconnu ne l'est déjà plus tout à fait. Avec l'essai de Brandes mais aussi celui de Ola Hansson en Suède (*Nietzscheanismus i Sverige*), tout se passe comme s'il avait fait école à son insu. En 1894, le polonais Stanislaw Przybyszewki, familier de la bohème scandinave de Berlin et de Paris, interprète les premières œuvres d'Edvard Munch à partir des « principes » de l'esthétique nietzschéenne à l'époque de *La naissance de la tragédie* : un nouvel art dionysiaque est né dont l'expressivité se mesure à l'intensité des affects qui déforme l'espace de la représentation et défigure le système des traits signifiants du visage comme dans *Le Cri* et *Madonna*. L'expressionnisme fait son entrée en scène avec son accentuation radicale de la subjectivité : il ne s'agit plus de représenter ce qui est (pôle de l'objectivité) mais d'exprimer aussi bien impressions fugitives du réel (impressionnisme) que les intensités affectives qui zèbrent l'espace de la représentation (*Das Werk des Edvards Munchs*, Berlin, 1894).

Les philosophes en revanche dans cette dernière décennie ne s'intéressèrent à Nietzsche que d'une manière fort critique ainsi que le relève Brandes (le texte polémique de Harald Høffding, dans la tradition kantienne, oppose au « radicalisme aristocratique » sa propre conception rationaliste du « *radicalisme démocratique* »[1]). Si les conférences firent l'objet d'une réception contrastée et tardive dans les milieux universitaires, ce ne fut guère le cas dans les cercles bohèmes de Berlin et de Paris. Artistes et écrivains, scandinaves pour la plupart, ne s'encombrèrent pas de tant de précautions pour produire une interprétation sauvage de Nietzsche qui n'eut sans doute pas déplu à son auteur. L'expressionnisme scandinave dans ses premières heures n'est pas séparable de ce nietzschéisme sans complexe que l'on retrouve dans les romans et les pièces de Strindberg des années 1890 (jusqu'à la rupture

1- Cf. Olivier Cauly, *La Philosophie dans les pays du nord*, article introductif plus textes in : *les œuvres philosophiques*, vol. IV, publié sous la direction de Jean-François Mattei, PUF, Paris, 1997. Cf. également *Les Philosophes scandinaves*, PUF, 2000.

d'*Inferno*) et les premières œuvres de Munch comprenant non seulement les tableaux précités mais également le célèbre portrait de Nietzsche, ainsi que les séries de dessins, projets et esquisses destinés à illustrer *Ainsi parlait Zarathoustra.*

La situation est plus contrastée comme on l'a vu en ce qui concerne Ibsen en raison du jugement négatif que portait Nietzsche en toute méconnaissance et probablement en raison du succès rencontré par *La Maison de Poupée* (*Et Dukkehjem*), en Allemagne notamment. C'est ce qui a occulté non seulement les autres pièces mais plus profondément la pensée d'Ibsen sur le drame de l'individualité créatrice confrontée à la médiocrité sociale et qui est une figure possible de la surhumanité. Il semble que la question du féminisme ait occulté pour longtemps des pans entiers de la pensée ibsénienne aussi bien pour Nietzsche que pour Strindberg, qui fut son rival de toujours. De plus, la relation privilégiée de Nietzsche et de Strindberg dont la relation épistolaire fut interrompue par un énigmatique « *Euh, divorçons !* »[2] a longtemps fixé pour l'opinion le style de ce nietzschéisme scandinave qui prend sa source dans le talent de passeur et de médiateur de Georg Brandes au point que Nietzsche lui-même regretta dans l'une de ces lettres de ne pas connaître le danois et le suédois. La réception fort peu orthodoxe de Nietzsche a été à l'origine de l'une des décennies les plus créatrices de la culture nordique au tournant du XXème siècle.

L'intention directrice

L'essai de Brandes suit globalement le fil de l'évolution croisée de la vie et de la pensée de Nietzsche jusqu'à l'épisode terminal de la folie marquée par la rupture des relations épistolaires.

2- On trouvera la traduction et un commentaire de ces lettres dans le livre de Pierre Klossowki, *Nietzsche et le cercle vicieux*, Mercure de France, 1967

La perspective est biographique et effectue un éclairage de la pensée sous les feux croisés de la situation personnelle et de la constellation socio-historique du temps présent. La crise ouverte par le Kulturkampf dans l'Allemagne bismarckienne, la lutte franco-allemande pour la suprématie (militaire, culturelle…) et la confusion qui s'en suivit dans les esprits comme en fit le diagnostic Nietzsche avec ses *Considérations intempestives* de 1870. L'esprit du temps (Zeitgeist, Tidsaanden) est celui d'une lutte généralisée et sans merci dont des penseurs de provenance diverse font état selon Brandes : Darwin avec le « *struggle for life* », Marx avec la lutte des classes, Kierkegaard avec celle de l'individualité existante contre l'espèce, Strindberg avec les motifs de « *la guerre des sexes* » et de « *la lutte des cerveaux* » (*hjärnornas kamp*), Nietzsche lui-même avec son annonce prophétique de la fracture irrémédiable de l'humanité en deux parties viscéralement hostiles.

L'humanisme de l'anthropothéologie annoncé par Feuerbach dans *L'essence du christianisme* (1842), l'idée de l'homme devenu « *le dieu de l'homme* » avec la fin de l'illusion d'optique de la transcendance divine, comme l'unité de ce qui était séparé, n'ont guère survécu : la mort même de Dieu ne prélude pas à l'avènement d'un homme qui prendrait la place laissée par le grand absent. L'humanisme comme religion de substitution est mort né et c'est ce conflit qui est au cœur de l'esprit sans esprit d'un temps dont Nietzsche, selon Brandes, entreprend la critique radicale dès 1870. Pour autant le philosophe-médecin de la civilisation n'est pas là pour préluder à une nouvelle réconciliation. Le diagnostic servira à envenimer la blessure jusqu'à la perspective finale d'une humanité irrémédiablement brisée.

L'exposé de Brandes n'est pas systématique. Il rencontre plutôt les concepts fondamentaux au fil de l'évolution de la pensée de Nietzsche. Il le fait essentiellement en tant que critique littéraire, médiateur et passeur entre les cultures. Les concepts sont certes mis en perspective dans leur rapport à la culture du temps mais ils ne font pas pour autant l'objet d'une critique philosophique comme on le voit par exemple avec le concept de surhomme. Brandes le met en relation avec le culte de l'individualité d'exception en butte à la médiocrité généralisée, évoque Kierkegaard, Renan et Flaubert mais ne rentre pas à l'intérieur du problème lui-même. Promesses et déceptions se suivent. Brandes remarque par exemple la parenté des pensées de Nietzsche et de Kierkegaard qui faisaient d'ailleurs l'objet de la même méconnaissance en Europe. Mais rien n'est dit au-delà de ce qui scelle cette parenté « stellaire » de deux individualités engagées dans un combat radical contre le temps. Nietzsche admirant la tonicité de la foi d'un Pascal eut trouvé quelque chose à redire à la critique kierkegaardienne d'un christianisme exténué qui ne parle plus à personne à propre comme d'un monde où la subjectivité existante n'a plus voix au chapitre. Rien n'est dit de la possibilité d'une rencontre qui est restée à l'état d'esquisse.

Le souci de la présentation exhaustive à un public cultivé l'emporte sur autre forme de considération objective ; Brandes n'est certes pas philosophe au sens strict du terme. Cela ne l'empêche guère de savoir décrypter les signes prémonitoires d'un temps qui s'annonce et de faire preuve d'une sensibilité particulière pour ces individualités qui expriment des ébranlements sismiques plus profonds : en quoi il se révèle lui-même parent éloigné d'un Nietzsche qui louait ce sens de l'interprétation des signes qui, comme certains événements, « *marchent à pas de colombe* ». C'est au demeurant cette sensibilité à ces signes discrets et cette connivence qui lui permit d'initier la relation, certes éphémère, de Nietzsche et de Strindberg jusque dans le jeu de miroir déformant qui s'en suivit.

Quelle que soit la force et la faiblesse de ces conférences au plan philosophique, leur mérite est d'initier dans les deux sens du terme : d'une part d'introduire le lecteur dans un monde inconnu ; d'autre part, de commencer et d'entreprendre une lecture en l'absence de tout précédent littéraire et philosophique comme si nul - ou peu s'en faut - n'avait lu sérieusement Nietzsche avant lui ni n'avait donné de présentation de sa pensée. Certes ignoré en Allemagne, Nietzsche est lu dans le Nord à partir du milieu des années 1880 au point d'exercer une influence non négligeable sur cette « percée » (*gjennembrud*) nordique dans la culture européenne. C'est l'arrière-plan des conférences de Copenhague : le rayonnement de la culture française en cette fin de 19ème siècle est en butte à la guerre que mènent les Allemands (le *Kulturkampf*) et les Anglais. En tant que danois, Brandes le perçoit d'autant mieux que le « petit » Danemark, au demeurant grand perdant de la guerre des duchés contre l'Allemagne (1862), n'est pas en marge de ces courants convergents et divergents. Il le sait : une renaissance nordique se prépare dont il entend bien être l'une des chevilles ouvrières, d'autant que le Danemark joue souvent le rôle de médiateur entre l'Europe continentale et le reste de la Scandinavie. Les signes se multiplient. Kierkegaard au Danemark a connu une destinée similaire à celle de Nietzsche. Strindberg, Ibsen, Munch et Hamsun sont autant de fers de lance de cette percée nordique qui se fait plus ou moins sous l'égide d'un nietzschéisme débridé et sans complexe au moment où Nietzsche s'absente définitivement de la scène philosophique. De ce point de vue, les conférences s'inscrivent dans une réception créatrice qu'elle prolonge en lui donnant une forme plus académique. L'année suivante, le suédois Ola Hansson publie lui aussi un essai sur l'œuvre de Nietzsche (1890) et le polonais Stanislaw Przybyszewki, familier des bohèmes de Paris et de Berlin, écrivit un essai (*Zur psychologie der Individuum*, 1892), puis sur l'œuvre du peintre Edvard Munch selon les critères de l'esthétique nietzschéenne (*Das Werk des Edvards Munchs*, 1894) : la recherche d'une nouvelle forme d'expressivité n'est pas séparable de celle d'une primitivité (le dionysiaque) opposée à l'idéal apollinien reformulé par Winckelmann : « *la noble simplicité et la calme grandeur* » (*die edle Einfalt und die stille Grösse*). Tout oppose de ce point de vue la défiguration de la figure dans *Le cri* à la souffrance contenue d'Enée sous l'étreinte mortelle des serpents qui l'enlacent : rien ne peut surpasser la force surhumaine d'une âme capable de maîtriser la souffrance et de canaliser les intensités affectives dans le paroxysme de leur tension.

C'est dans ce contexte particulier que Brandes prononce ses conférences. Nietzsche est à peine connu mais il est précédé comme les étoiles lointaines par la lumière qui l'annonce et dont les premiers signes ont été perçus dans le nord. Son ambition est de faire cristalliser ce mélange instable en donnant pour la première fois une image de la pensée à travers la présentation exhaustive de l'œuvre publiée. Il existe un décalage sensible entre l'intention et la forme même d'une exposition très académique qui reste une présentation extérieure de la pensée. Brandes, comme du reste Ola Hansson l'année suivante (1890) s'attache à l'importance culturelle et historique de Nietzsche dans son caractère paradoxal. La distance que maintient Brandes avec son sujet en raison même du style des conférences publiques contraste fortement avec les interprétations à fleur de peau qu'en donnent artistes et écrivains, pour ne pas parler de la relation intense et passionnelle que nouèrent Strindberg et Nietzsche à la faveur d'un jeu d'identifications croisées jusqu 'au « *euh ! Divorçons !* » de la dernière lettre. À ce stade ultime, l'image d'un Nietzsche père, mari et éducateur (à qui se substituera de manière fort énigmatique « *le bâton correcteur* » tenu par le surhomme qu'est Swedenborg après la crise d'Inferno en 1896) va déboucher sur une véritable rivalité mimétique : Strindberg ne met pas longtemps à soupçonner que les idées de Nietzsche sont en réalité les siennes et que le penseur est à la limite un usurpateur dont il va falloir se séparer. Le couple Nietzsche-Strindberg a fini comme les autres mariages de Strindberg par le doute, la suspicion et la séparation : au fond nul ne sait qui est le père de l'autre.

La puissance sismique de la pensée de Nietzsche est neutralisée par le style même des conférences qui commencent cependant par remarquer la puissance de la *Stimmung* (Stemning) dans le style même de la pensée nietzschéenne comme si les concepts étaient des puissances affectives, des « affects ». L'essai lui-même n'en porte pas présence et n'en ressort pas plus « inspiré » en ce sens. Il ne porte pas la marque de ces « intensités » que les artistes et les écrivains ont su capter d'emblée. L'essai de Ola Hansson l'année suivante (1890) se fait déjà plus réceptif à cette atmosphère avec son ouverture sur la poétique de la mer comme puissance génésique « *cet animal sauvage et vorace qui dévore la vie autant qu'elle l'engendre ... Le long de ses flots ondoyants s'enchevêtrent la vie et la mort, la beauté et ses sécrétions* ». Il est vrai qu'il reste essentiellement tributaire des conférences de Brandes en marge de cette ouverture.

« le radicalisme aristocratique »

Les conférences de Brandes de 1889 sont la première étude systématique d'une pensée qui a déjà le sens d'une œuvre achevée. Pourtant, à plus d'un égard, elle exprime et amplifie un intérêt déjà largement répandu dans les cercles littéraires et artistiques nordiques plus ou moins disséminés à l'étranger. Son originalité est relative si l'on pense que les drames de Strindberg (*Père*, 1887, *Mademoiselle Julie*, 1888) font déjà état de cette lecture à vif et à fleur de peau et que les nouvelles et romans de cette période campent autant de figures possibles de la surhumanité (*Tschandala, Au bord de la vaste mer*, 1891) amplifient ce qui est devenu le signe de la condition tragique de l'individualité d'exception dans le sens de ce que Brandes nomma « *radicalisme aristocratique* ». Le terme de « radicalisme » est ici au demeurant moins nietzschéen que nordique dans son origine chrétienne et protestante. Il suffit de penser à l'intransigeance de Kierkegaard pour prendre la mesure du radicalisme éthico-religieux qui s'exprime par le refus de la catégorie hégélienne de la médiation : *Ou bien... Ou bien* (*Enten-eller*) - il n'y a pas de compromis ni d'intermédiaire, il faut choisir et *sauter* (*Springe*), et non pas progresser de manière continue d'une sphère à l'autre. Ibsen le formulera d'une manière plus saisissante encore dans la devise de Brand dans la pièce éponyme en 1866 : *Allt eller intet* (*tout ou rien*). La figure dramatique de Brand est elle-même une reprise, *une répétition* (*Gjentagelse*) de l'individualité selon Kierkegaard dans son rapport absolu à l'absolu, tel Abraham dans son rapport singulier à Dieu dans *Crainte et tremblement* (*Frygt og Baevelse*). Pour Brand, il s'agit d'aller au bout de ce que l'on pense et croit car il s'agit d'une question de vie ou de mort. L'esprit de compromis est la forme contemporaine du mal (« *l'esprit de Satan* »). Le mal vient littéralement de tout ce qui peut faire figure d'intermédiaire et de médiation[3].

La formule de « *radicalisme aristocratique* » ne pouvait en ce sens mieux convenir pour une introduction à la philosophie de Nietzsche. Ce radicalisme est dans l'air du temps et il est ce par quoi Nietzsche devenait soudain le contemporain d'un monde en plein déchirement. Il le fait d'autant plus qu'il est l'âme d'une individualité créatrice partie en guerre contre tout

3- Cf. Olivier Cauly, *Mise(s) en scène de la répétition*, L'Harmattan, Paris, 2012

ce qui nivelle et rapetisse, et qui se place explicitement sous le signe de la lutte et du conflit. Kierkegaard l'avait clairement formulé dans sa polémique contre le hégélianisme dominant. L'existence est placée sous le signe de l'alternative. Strindberg a décliné le motif de la lutte sans compromis sous toutes ses formes, y compris celui de « *la guerre des sexes* » que loua Nietzsche à propos de Père (*Fadren*, 1887). Mais il en va aussi bien de la lutte des classes que de la lutte pour la vie (Darwin) ou de « *la guerre des cerveaux* » (*Hjärnornas Kamp*) dont il va chercher à explorer toutes les ramifications inconscientes et qui a pour ressort la volonté de puissance et/ou de pouvoir (*Wille zur Macht, Vilja till mäkta*)[4]. C'est ce qu'affirme par exemple la figure de Laura dans son rapport à la figure du capitaine : « *c'est le pouvoir que je veux* », affirme-t-elle sans compromis. Il n'est pas même question de reculer devant la possibilité du meurtre psychique (*Själensmord*), même s'il est le signe d'une âme servile incapable d'utiliser les nobles armes de l'intellectualité consciente. C'est d'ailleurs sur ce point que Strindberg va s'opposer à la philosophie du crime de Nietzsche en utilisant ses propres concepts : le criminel n'est pas l'individualité la plus forte, mais la plus faible. C'est l'esclave qui va inventer des stratégies subliminales de domination pour s'incruster dans le psychisme de l'ennemi et le vider de sa propre substance[5]. Il donnera l'une des versions les plus significatives de ce scénario dans *Tschandala* qui se place sous l'égide des *Lois de Manu* dont parlait Nietzsche : le magister Andreas Törner se trouve confronté à la sombre stratégie du contremaître du domaine sans pouvoir résister à la stratégie psychique que

4- Strindberg ne différencie guère pouvoir et puissance et tend à subordonner la puissance qui veut dans la volonté à la quête du pouvoir.

5- C'est le leitmotiv de la transfusion psychique. Les êtres vivent inconsciemment les uns les autres en prélevant leur énergie psychique dans l'esprit des plus faibles. La lutte pour la puissance n'est pas séparable de la lutte pour la conservation de soi et il s'agit bien d'une lutte à mort qui se poursuit par tous les moyens et à tous les étages de la vie psychique.

déploie son ennemi à son insu. Le conflit se déroule entre le conscient et l'inconscient sur une scène où le pouvoir de la raison se découvre étrangement impuissant. Comme Laura dans *Père*, le contremaître est l'ennemi de l'intérieur qui s'insinue dans l'esprit comme un cheval de Troie psychologique pour en prendre le contrôle et mener à la destruction. Dans cette lutte psychique à mort, celui qui a les signes extérieurs du pouvoir finit par être vidé de sa substance à son insu comme par un acte de vampirisme.

Brandes ne va pas si loin dans sa présentation du radicalisme aristocratique de l'individualité créatrice. Les longs développements qu'il consacre au problème de l'individu à partir des *Considérations inactuelles* de 1870 donnent le ton. C'est le rapport polémique de l'individu à une société massifiée qui court à travers cette présentation. La vision critique de la situation de la culture dans un empire allemand enivré de sa victoire sur l'ennemi français n'est pas sans arrière-pensée chez Brandes[6]. Voir un allemand, de surcroît marginalisé dans son propre pays, s'insurger contre la pseudo-culture de l'empire ne pouvait que confirmer certaines appréhensions : l'hégémonie militaire ne signifie rien d'autre qu'elle-même et l'on ne peut rien déduire d'elle en ce qui concerne une très hypothétique victoire de la culture allemande sur la française. Cela concerne au premier chef comme le pense Brandes les pays du nord qui peuvent s'enorgueillir à la différence des Allemands, d'une vieille culture et d'une mythologie spécifique (la religion nordique ancienne)[7]. Brandes ne perd pas l'occasion de pointer le vieux ressentiment allemand qu'avait exprimé dans un autre contexte Friedrich Schlegel en affirmant que « *nous n'avons pas de mythologie* ». Depuis la littérature médiévale islandaise,

6- Le Danemark avait lui-même perdu la guerre du Schleswig en 1862 et le sentiment anti-allemand était alors puissant.

7- Le thème du *Kulturkampf* de l'ère Bismarckienne se trouve réinterprété : le combat continue, mais sous la bannière de la libre individualité.

nous avons en substance, comme le dit Brandes, un sentiment profond d'une identité culturelle forte qui empêche les pays du nord de tomber dans cet amalgame qui a faussement pour nom culture : ce que Nietzsche dénonçait précisément dans les *Considérations intempestives* comme un véritable habit d'Arlequin, sans unité de style ni intériorité, en bref comme une barbarie revêtue des habits neufs de la modernité scientifique. Comme le disait Goethe dans la citation qu'en donne Brandes : il faudra attendre longtemps avant que l'on puisse dire des Allemands qu'ils furent des barbares il y a longtemps...

L'Allemagne est plus spécifiquement le symptôme d'un processus qui affecte l'Europe dans sa totalité et qui a pour nom le nihilisme en tant que tendance profonde à l'indifférenciation. L'unité du style qui caractérisait ainsi la vieille Islande médiévale n'a plus cours. Toutes ces différences finissent par s'estomper à cause ou grâce au développement des sciences et des techniques et aux transformations socio-culturelles corrélatives. Cette tendance nihiliste au nivellement s'exprime directement par l'écrasement de l'individualité par la société massifiée et par l'État qui est l'institutionnalisation de cet écrasement. Selon Brandes, la figure de la surhumanité que Nietzsche appelle de ses vœux n'est pas dissociable des voix dissidentes qui s'élevèrent à la même époque en Europe. En France, il y a eu Flaubert et Renan, au Danemark, il y a eu Kierkegaard et en Norvège, Ibsen. Il s'agit de rétablir les droits de l'individualité et de revendiquer le droit souverain de l'individualité créatrice partie en guerre contre les États, les nations et les pouvoirs constitués. Brandes est le premier à souligner la parenté de Kierkegaard et de Nietzsche au-delà de tout ce qui peut les séparer. La question pour Kierkegaard est de savoir ce qui peut potentialiser la foi et la rendre plus forte dans son rapport à l'absolu, pour autant que nul ne peut s'immiscer dans ce rapport et faire office de médiation. La critique du nihilisme rampant à l'œuvre dans le christianisme n'est pas éloignée de la formule du diagnostic que porte Nietzsche sur ses symptômes terminaux du christianisme moribond. La foi chrétienne n'a plus la tonicité de celle d'un Pascal, elle n'est plus même le signe d'une existence qui éprouve au plus profond la folie du christianisme ou, comme le dira Kierkegaard, du paradoxe que nulle médiation ne pourra *digérer* en un syllogisme[8].

D'une manière ou d'une autre, seule l'affirmation de l'individualité pourra sauver l'Europe du nihilisme dont on peut diagnostiquer les symptômes dans toutes les sphères de la culture *philistine*. La défiance de l'individu y est poussée à un tel point que l'on désapprend en toute bonne conscience à la jeunesse de penser librement. C'est la question centrale de l'éducation et de la signification de l'histoire pour la vie et en réalité contre elle (« *l'histoire antiquaire* » comme fossoyeur du passé). L'histoire est devenue un instrument d'oppression et de répression : on apprend par exemple aux jeunes artistes à se défier de leurs impulsions et de leur originalité pour les envoyer dans les musées ou dans des colonies ou villages d'artistes où l'on pourra contrôler leur production en s'assurant que rien d'original ne puisse se manifester. La culture philistine adore et révèle les grandes forces sociales et historiques qui sont à l'œuvre dans le processus techno-scientifique et c'est bien sur cet autel qu'elle entend sacrifier l'individualité libre et créatrice qui devrait bien plutôt être préservée. Mais nous sommes à l'autre extrémité et l'on ne conserve de l'individu que ce qui est homogène au grand processus historico-mondial : sa force impersonnelle de travail et de production, son rôle de levier et d'agent dans le processus historique où l'on évalue uniquement ce qui est grand à l'aune de critères quantitatifs qui ne disent rien à personne. Mais l'individualité, *a fortiori* quand il s'agit de la grande individualité créatrice, ne peut jamais

8- Kierkegaard, *La Maladie à la mort* (*Sygdommen til Døden*, 1849)

être un moyen de la fin qu'est l'espèce dans sa généralité. Inversement : c'est la société qui est le moyen de la production d'individualités libres et productrices qui agissent en retour sur le peuple en lui donnant la force spirituelle qu'il ne pourrait jamais acquérir autrement.

Or, cette idée, comme on l'a vu, n'est pas sans précédent dans le nord. Au début du XIXème siècle, le philosophe Niels Treschow avait déjà dénoncé la destruction de l'individu par une société se posant comme fin absolue[9]. À l'encontre de cette usurpation fatale, il pose en principe que l'individu ne peut jamais être le moyen d'une espèce humaine pensée comme fin et que cette dernière ne peut jamais être que le terreau qui permet la production de ces individus dépassant la condition humaine pour lui insuffler le souffle qui lui manque. Si tel n'était le cas, l'espèce humaine ne ferait jamais que stagner et se trouverait dans l'impossibilité de toute progression : elle a tout à gagner d'individus souverainement libres à l'égard desquels elle se retrouve débitrice. Selon Brandes, la question de la surhumanité nietzschéenne se profile sous cet éclairage particulier d'une tradition philosophique et éthique particulièrement vivace où la question de l'individu et de son individuation est cruciale et que Kierkegaard, notamment, a portée à son paroxysme au plan éthico-religieux : l'individualité dans sa singularité (*den Enkelte*) est l'élément hétérogène par excellence et la différence qu'aucun processus socio-historique impersonnel ne peut s'assimiler dialectiquement. Si elle n'est pas en dernière instance sa propre fin (en vertu de son rapport à l'absolu qui est le tout Autre), elle n'est le jouet ou l'instrument d'aucune puissance établie, État et Église.

Dans tous les cas, les rapports de l'individu à la société comme à l'humanité dans son universalité sont pensés à partir l'inversion de la relation de la fin et des moyens. Il

9- Niels Treschow, *Gives der noget Begreb om enslige Ting ?* (1807)

ne s'agit plus de savoir si les individus sont les moyens de la réalisation d'une finalité qui les dépasse en vertu même de la dialectique du jeu de leur relation. Le moteur logique de la progression est brisé parce que l'individu n'est pas tant ce qui se réalise en se dépassant au profit d'un résultat autre que lui-même que l'élément absolument hétérogène dans son rapport à un processus (l'histoire) qui l'écrase comme à des puissances historiques (l'État) qui n'hésitent pas à le sacrifier lorsque leur intérêt supérieur l'exige (l'État-autel sacrificiel de Treschow qui avait explicitement en vue l'épisode de la Terreur pendant la révolution française). Dans ce fil qui court à travers le XIXème siècle, tout se passe comme si la *réalité* de l'individu existant était sacrifiée au nom *d'abstractions* impersonnelles qui sont des fictions théoriques[10] ou des imaginaires relevant de la sphère esthétique, comme le relèvera Kierkegaard dans *L'Alternative*[11] : ce qui existe est nié au profit de ce qui n'existe pas ou de ce qui n'a qu'un être-pensé pour une raison se posant comme absolue.

La scène pour un conflit sans merci est donc posée à travers l'alternative suivante : *ou bien* l'affirmation de l'individualité existante, *ou bien* sa négation au profit d'abstractions qui préludent à son élimination pure et simple. Ce n'est pas tout à fait par hasard que la question de l'individualité forte passe au premier plan dans la lecture que donne Brandes en engageant les conceptions fondamentales du surhomme et de la volonté de puissance. Il n'est certes pas question de défendre l'individualisme étriqué de la culture philistine dans sa forme bourgeoise ou petite bourgeoise : en réalité, l'individualisme de masse est plus le symptôme de la désintégration de l'individualité réelle que de son affirmation. Il n'est pas moins évident maintenant que de telles individualités sont rares du

10- Cf. Max Stirner, *L'Unique et sa propriété.*

11- C'est le complexe faustien de Hegel selon Kierkegaard.

fait qu'elles ne peuvent aisément se distinguer de la médiocrité ordinaire qui est devenue la norme souveraine (« *différence engendre haine* »). Maintenant, cette différence qualitative vise à rendre possible la constitution d'une culture forte et vivante où ce qui est grand ne peut plus se mesurer à l'aune de ce qui apparaît comme une inculture généralisée. Elle ne se justifie que par cette fin qui la dépasse ou comme le pense Brandes en citant librement Flaubert et Renan : la priorité n'est pas que le plus grand nombre soit grossièrement éduqué parce que le bilan socio-culturel ne peut être que globalement négatif et tendre vers une indifférenciation croissante, c'est-à-dire à un état quasi clinique de mort spirituelle et culturelle. C'est là qu'il s'agit de porter le fer de la polémique et d'être *dur* : le peuple lui-même a plus à gagner dans les conditions d'une culture forte que dans celles d'une culture inculte où plus rien n'a de valeur et ni de signification, et où surtout plus rien de grand ne peut naître : il n'y a plus, à perte de vue, que la vaste *planitude* de la médiocrité à l'atmosphère dense et irrespirable qu'un Zarathoustra déserte pour l'air pur et libre de l'altitude. De tels hommes ne peuvent plus vivre dans ces conditions[12]. Ils ne peuvent s'accomplir et devenir ce qu'ils sont qu'en s'isolant. S'ils s'adaptent, ils disparaissent. Il n'y a pas de remède à cette alternative fatale : être au dessus et répondre à l'appel du destin en toute individualité créatrice ou végéter en dessous sans sortir du cadre de l'humanité moyenne des plaines pour finalement disparaître - ou bien la vie forte dans les sommets ou bien la mort par inanition spirituelle.

L'alternative, radicalisée à l'extrême, devient une question de vie ou de mort. L'humanité s'est scindée dans sa représentation en deux parties irréductibles et viscéralement ennemies en l'absence de toute perspective médiatrice. Elle est entrée en guerre avec elle-même à la faveur d'un scénario

12- Cf. l'exemple de Shelley dans l'Angleterre du XIXème siècle

que développera notamment Strindberg dans son théâtre : la mort de Dieu et le crépuscule du religieux n'annoncent pas l'avenir radieux de l'humanisme, mais plutôt le contraire[13]. L'enfer, c'est l'autre et les autres dans un univers carcéral comme celui qu'il mettra en scène dans l'île-prison de *La danse de mort* (*Dödsdansen*, 1901). Feuerbach avait annoncé dans *L'essence du christianisme* (1842) l'avènement de l'ère de l'anthropothéologie et le règne de l'humanisme de l'homme-Dieu mais c'est le contraire qui advient. L'homme ne deviendra pas le Dieu de l'homme mais son bourreau. L'homme viscéralement ennemi de lui-même ne tardera pas à devenir son propre meurtrier dans une lutte à mort généralisée : des sexes, des classes, des esprits (*psychismes*), etc. Le conflit est devenu si profond qu'il ne laisse plus rien subsister en dehors de sa sphère. Tout ce qui est humain est polémique et son unité fictive vole en éclats. Loin de la perspective grandiose d'une humanité réconciliée avec elle-même après la disparition de son Autre divin, on assiste à l'avènement de ce qui ne pouvait justement être pensé par les déclinaisons de la dialectique hégélienne : jamais le conflit ni la lutte n'ont mené à la grande perspective d'une réconciliation finale parce qu'ils ne sont pas les moyens de parvenir à la fin escomptée ni le moteur d'une quelconque progression. Le conflit est en quelque sorte devenu son propre objet et sa propre fin. Il n'y a plus rien en lui qui contienne le motif de son propre dépassement dialectique.

On dira en suivant ici librement Brandes que le radicalisme aristocratique est profondément anti-dialectique parce qu'il réfute dans son principe même la dédramatisation du combat et la négation de ce qu'il y a de tragique au nom de cet optimisme béat qui ne veut voir que les signes la progression. Strindberg,

---

13- Ce crépuscule du religieux prendra lui-même fin avec le retour du religieux-mystique à la faveur duquel il reviendra à Swedenborg de reprendre « le bâton correcteur du surhomme ». La crise dite d'inferno (1896) a joué de rôle de révélateur et de transformateur spirituel.

le poète du conflit et de la guerre à outrance, s'y entendra à (re)dramatiser ce que l'optimisme avait parfaitement dénié. Ce n'est pas par hasard que son théâtre repose précisément sur cet élément tragique non dialectisable : le plus profond, c'est la guerre dont rien ne peut nous sauver parce qu'elle est la vie elle-même, universellement. Le tragique moderne (qu'il oppose au classique français du XVIIème siècle)[14] naît de l'impuissance fatale de la volonté de puissance à surmonter une forme de ressentiment : ce sera l'histoire de Jean dans *Mademoiselle Julie* dont l'aspiration à s'élever aussi haut que possible porte la marque fatale de la servilité de son caractère. Ce sera également le destin du capitaine dans *Père* dans sa confrontation mortelle avec Laura. Chez lui, la volonté, « *l'épine dorsale de l'âme* » est brisée et il finit par être l'ombre de lui-même en face de celle qui affirme sa volonté nue de pouvoir.

Cette dramatique de la volonté de puissance n'est pas étrangère à Ibsen : ainsi de la figure de Solness dans le drame éponyme (*Byggmester Solness*, 1891) dont l'aspiration à s'élever est brutalement interrompue par la chute finale. Ainsi également de John Gabriel Borkman, la figure dramatique sans doute la plus nietzschéenne. De telles individualités fortes à la volonté d'airain succombent comme si elles étaient laminées en profondeur par les forces obscures inférieures sur lesquelles elles cherchent à étendre leur empire et à s'élever, quel qu'en soit le prix : *allt eller intet* (*tout ou rien*).

14- Strindberg, *Mademoiselle Julie*, Préface, 1887

Les conditions de la réception de la philosophie de Nietzsche dans le nord.

La scission de l'humain en une immense zone moyenne et un petit nombre d'individus qui s'en distinguent a fait l'objet d'une théorisation précoce chez le philosophe dano-norvégien Niels Treschow, en particulier dans l'opuscule intitulé *Existe-t-il un concept des choses individuelles (Gives der noget Begreb eller nogen Idee om enslige Ting*, 1807). Il s'agit d'abord de démontrer au plan de la théorie de la connaissance que toute réalité (*Virkelighed*) est individuelle mais qu'il est aussi dans la nature de l'entendement d'en extraire le noyau de la généralité au moyen du procédé logique de l'abstraction pour rejeter les différences individuelles comme une écorce inassimilable. Il faut ensuite en tirer la conséquence dans la philosophie pratique : ce n'est pas l'individu qui est un instrument au service de fins abstraites et de concepts généraux (l'humanité, l'État, la nation) mais l'inverse. Si l'on dénie la réalité à l'individualité, la conséquence morale et politique est sa suppression pure et simple. La nature nous montre déjà dans ses productions qu'elle vise à travers la généralité du type humain la production d'autre chose : la formation non pas d'un type supérieur mais d'individualités qui parviennent à la conscience de plus en plus claire d'elle-même : « *la conscience de soi est l'expression la plus noble de l'individualité... plus nous nous différencions clairement et distinctement des autres... plus nous sommes parfaits. La philosophie consiste en ce sens dans la connaissance de nous-mêmes non pas en ce que nous avons de commun avec la nature humaine, mais en tout ce qui touche à l'individuel* »[15]. Toute connaissance de soi est une différenciation active à la faveur de laquelle ce qui tend à la

15- Niels Treschow, *Gives der noget Begreb eller nogen Idee om enslige Ting*, pp. 38-39

perfection implique la compréhension de ce qui me différencie du général. La nature humaine est selon Treschow le nom de la détermination la plus générale. Comme telle, elle est la base du développement d'individualités plus déterminées qui dépassent la condition humaine générale tout en la perfectionnant par le haut. Elle ne peut pas être tenue pour une fin légitimant le sacrifice de l'individu. À fortiori, l'État ne saurait traiter les individualités réelles « *comme de simples moyens qu'il peut utiliser comme matière en vue de la réalisation de telle ou telle œuvre splendide* »[16]. Cela vaut aussi bien pour les monarchies que pour l'État fondé sur la pure raison, comme le monde l'exemple de la révolution française. L'universalité du bien général est pure violence : « *les sciences les plus pratiques prennent le tout, l'universel comme fin pour laisser de côté les parties ou bien elles se tiennent pour légitimées de les traiter comme de simples moyens. C'est aussi la raison pour laquelle des milliers d'individus sont sacrifiés à un bien général si froid : jamais le sang n'a autant coulé que sur l'autel où l'humanité s'est consacrée* »[17]. La cause de l'individu que défend Treschow n'est pas très éloignée du plaidoyer de l'Unique qu'entreprendra Stirner en se livrant à la chasse des fantômes de l'idéalisme spéculatif. Tant que l'homme réel est jugé au nom d'abstractions qui ont pour nom l'Homme, l'État, la Nation, etc., il est fatal que l'humanité devienne son propre bourreau comme une divinité monstrueuse qui dévore ses propres enfants : l'humanisme inhumain est le résultat pratique d'une rationalité fanatique reposant sur la scission absolue de l'abstraction et de la réalité de ces moyens ravalés au rang de matière brute en vue de la construction de chimères.

16- Niels Treschow, id., p. 40

17- Niels Treschow, ibid., pp. 38-39. On trouve un argument similaire chez Schnelderup-Schneedorf au Danemark qui dénonce le sacrifice inutile des individus au nom d'un « *faux concept* » (*falsk Bregeb*) du bien public.

Il s'agit par conséquent de poser le principe d'une individualité forte qui développe la puissance de la nature en la finitisant. La perfection ne peut résider que dans l'individualité la plus déterminée exprimant ce qui n'est que potentialité dans la nature humaine générale. La nature elle-même veut l'individualité créatrice non pas contre, mais à travers ce qui nous est commun (*faelleds*) en se concentrant à la pointe de la singularité de l'individualité réelle. Le général est le moyen de la réalisation de l'individualité. Jamais il ne peut ni ne doit être pris pour fin. L'humanité est au service de la production de grandes individualités qui réalisent ce qui n'est que généralité chez le plus grand nombre. La critique de l'abstraction impersonnelle de la raison pratique est un motif récurrent de la pensée danoise au XIXème siècle. Si elle a fourni le socle et la base d'une réception de la pensée de Nietzsche, il est également significatif qu'elle ait trouvé l'un des sommets de son développement dans la pensée de l'existence chez Kierkegaard. Il n'y a pas de théorie générale et abstraite de l'existence. Personne n'a d'intérêt théorique à exister en propre dans la mesure où il revient à l'individu de se qualifier au plan éthique et religieux sans que nul ne puisse s'entremettre ni intercéder dans ce rapport. De ce point de vue, il doit se déprendre de la tyrannie masquée du commun et de l'impersonnel pour devenir (*vorden*) un existant singulier (*Den Enkelte*).

Brandes est le premier à pressentir sans l'expliciter véritablement le rapport entre l'affirmation de la singularité existentielle et celle du surhomme. Il existe dans la pensée de Kierkegaard des figures tragiques à l'instar de celles d'Abraham dans *Crainte et tremblement* (*Frygt og Baevelse*, 1844) agissant en vertu de la suspension des normes éthiques générales *par delà le bien et le mal*. Abraham est une figure possible du surhumain parce qu'il se pose dans un rapport absolu à l'absolu à la faveur de la suspension de l'éthique du général qui ne peut médiatiser un tel rapport : il y a chez Abraham ce qui transcende la mesure commune de la condition humaine et de ses fins relatives. Abraham est celui qui s'excepte intérieurement, même si l'extraordinaire chez lui ne se signale pas extérieurement du point de vue relatif du regard d'autrui. Il va jusqu'à l'extrême limite humaine de ce qui est supportable pour affirmer qu' « *en vertu de l'absurde* », tout redevient possible sous la forme d'une répétition spirituelle (*Gjentagelsen*) : il faut croire contre toute nature et contre toute raison qu'Isaac sera redonné parce qu'à Dieu tout est possible (*Alt er mulig*) et qu'il n'est pas question de juger sa puissance à l'aune de demi-mesures trop humaines. Tout revient finalement au même, radicalement transformé à la faveur de ce rapport. L'individualité surhumaine peut vivre le plus difficile sans que rien ne se remarque à l'extérieur. Elle peut, comme *le chevalier de la foi* (*Troens Ritter*), se promener incognito dans les rues de Copenhague sans que nul signe distinctif ne vienne révéler les tensions intérieures : il fait ce que Kierkegaard disait ironiquement de lui-même - *peindre le lutin avec le bonnet qui le rend invisible*. La scission entre l'intérieur et l'extérieur s'est tellement approfondie qu'il ne laisse plus rien paraître et que, tel un danseur effleurant à peine le sol, il s'arrache en permanence à l'immanence terrestre : rien d'extraordinaire en apparence, même si la vie tient du miracle perpétuel et que le facile soit acquis en vertu du mouvement le plus difficile. La continuité ordinaire de l'existence est une ligne brisée ; il lui faut une force surhumaine pour exister.

Pour autant, c'est ce qui est devenu étranger à l'esprit du temps. La philosophie de l'existence est née de cette inquiétude quant au sort de l'individu face à l'esprit sans esprit de la moyenne tyrannique et de ce nivellement préfigurant ce que Nietzsche nommera nihilisme. La philosophie de l'individualité réellement existante est une révolte contre l'avènement de l'homme moyen qui n'a plus qu'une conscience générale de soi émergeant à peine de l'anonymat, mais qui n'en réprime pas moins la conscience forte et différenciée de l'individualité existante. L'existentialisme n'a rien d'un humanisme. Il naît de l'esprit d'un radicalisme parti en guerre contre toutes les formes de compromissions et qui ne peut se satisfaire par principe d'une médiocrité qui se pare du nom de vertu. Il est avant tout une pensée de l'affirmation de l'individu qui commence précisément à ex-ister en faisant la différence et en portant le fer de la polémique partout où cela est possible. Kierkegaard ne cesse de le répéter : nul n'existe en général. *J*'existe ou je n'existe pas. Il faut choisir entre l'existence minimale et l'existence qui fait la différence en commençant par s'excepter de la tyrannie du général et du commun. Il est devenu beaucoup plus facile de ne pas exister en se réfugiant dans l'impersonnel. L'existence réelle commence par la décision d'être dans une tension continue et sans compromis envers les puissances mondaines qui ne se proposent rien d'autre que l'assimilation de tout ce qui signifie la différence et le différend.

À cette première forme d'alternative en correspond une seconde : l'existence ne peut qu'être forte ou faible et tendre à sa disparition. Il s'agit bien là au plan spirituel d'une question de vie ou de mort. Là encore, il peut radicalement choisir et ne pas s'imaginer que l'on peut en quelque sorte vivre dans l'entre-deux dans une sorte de monde fictif où tout revient sempiternellement au même. Le travail de l'esprit objectif de Hegel est une force de mort qui a étendu son empire sur le paysage spirituel et il faut littéralement la force surhumaine de l'individu pour s'extraire de ce fantastique procès de digestion de l'histoire universelle au terme duquel nul n'osera plus dire Je, exister en personne et vivre en assumant sa décision d'être.

Les convergences entre Nietzsche et Kierkegaard peuvent bien s'arrêter là, comme semble l'indiquer Brandes. Les conditions étaient cependant posées dans le nord - et peut-être plus particulièrement au Danemark - pour la réception active de ce nouveau « *radicalisme aristocratique* ». De fait, par son intermédiaire comme par celui de Ola Hansson en Suède, toute une génération d'écrivains, de peintres et d'artistes (Strindberg, Munch, Ibsen) se mirent à lire Nietzsche selon les conditions de la production d'un art nouveau et les critères d'une esthétique expérimentale. La question du nihilisme, l'avènement du surhomme, la volonté de puissance sont autant de concepts qui ont moins été interrogés dans les conditions d'une philosophie réflexive que mis en pratique et mis en scène à la faveur d'une *lecture* à vif et à fleur de peau (Strindberg, Munch) ou, plus distanciée, comme ce fut le cas d'Ibsen, méconnu par Nietzsche en raison de la rivalité qui opposait Strindberg et Ibsen sur la question de la féminité.

Le surhomme et la volonté de puissance.

Ibsen écrivit en 1866 un poème dramatique (*Brand*) qui met au premier plan une figure qui semble à la fois prolonger la révolte de Kierkegaard contre un christianisme figé et anticiper l'avénement nietzschéen de la personnalité forte. Brand, la figure centrale du drame qui porte son nom, est à la fois un prophète et un réformateur inspiré qui s'en prend radicalement à la figure moribonde d'un christianisme qui n'intéresse plus personne et qui ressemble à un mausolée consacré à un dieu mort : le nihilisme est dans le christianisme qui ne sait pas encore qu'il abrite son propre cadavre. Brand, tel un prophète biblique, annonce un dieu fort. Il ne peut plus être question de réduire le divin royaume à l'Église en séparant ainsi la foi et le savoir tout en croyant les réconcilier au plan spéculatif. Kierkegaard n'est pas loin et c'est cette protestation existentielle que porte Brand : pour personne il ne s'agit d'être et d'exister, mais plutôt de vivre en représentation à distance de sa propre vie. C'est au nom de cette exigence qu'il faut se résoudre à accomplir le meurtre de ce dieu usé et fatigué qui pâlit au ciel. Le divin doit mourir pour renaître comme un nouveau dieu « *jeune comme Hercule* » et qui parla jadis à Moïse « *comme un géant en face d'un nain* » - un dieu fort qui suscite la crainte et l'effroi et qui n'est pas captif de l'amour qu'il mendie à l'homme. Le nouveau Dieu est la mesure d'une individualité forte libérée de la pensée d'esclaves à demi-moralisés. Il faut faire table rase de cette religion trop humaine qui ne dit plus rien à personne comme de la figure de cet humanisme qui est l'idéalisation de la pensée servile : « *humain ! Ah oui, c'est ce mot veule qui est la devise de tous... vos âmes de pygmées finissent par forger l'homme humanitaire ! Dieu fut-il humain pour Jésus* »[18]. Dieu est plus proche de l'individualité forte que de ces âmes qui confondent servilité et humilité. Il faut à la lettre devenir dur pour triompher de sa propre pitié et dépasser la vision (elle-même pitoyable) d'un dieu incapable de supporter la souffrance de l'homme et qui meurt littéralement de pitié sur la croix[19].

C'est de manière paradoxale que Brand annonce son évangile du vouloir fort. Il faut que la volonté s'affirme au point de vouloir absolument son propre anéantissement dans un affrontement et une confrontation avec le divin à la faveur de ce que Kierkegaard appelle dans *Crainte et tremblement* « *la suspension téléologique de l'éthique* ». C'est à nouveau de radicalisme (aristocratique) qu'il s'agit dans cette affirmation passionnée : « *nulle grande action d'éclat ne peut convertir les gens. C'est de vouloir qu'il s'agit ! Le vouloir libère et perd, le vouloir entier, partout...soyons francs, plus de mensonges,*

18- Ibsen *Brand*, acte III (Samlede Vaerker).

19- Feuerbach, *L'Essence du christianisme*, 1842 : « *L'incarnation était une larme de la pitié divine* ». C'est l'un des axes de la critique nietzschéenne d'un christianisme affaibli qui n'a plus rien de la force de la foi d'un Pascal. Dans ce retournement, un dieu devenu trop humain est déjà la victime expiatoire de l'homme humanitaire qui est son pauvre héritier spirituel.

vive le lion vouloir ! Un seul but pour tous, se faire table rase où Dieu puisse écrire »[20]. L'affirmation du vouloir confine à sa pure et simple abnégation dans cette décision absolue où l'individualité se résout à n'être plus rien face à Dieu qui est tout. Pour Brand, il n'y a pas d'autre alternative : « *le choix est entre tout et rien (alt aller intet) Satan est l'esprit de compromis* »[21]. La liberté est un acte intégral qui ne se divise pas. Comme telle, elle est étrangère à cette figure de la *mauvaise foi* qui passe toujours par l'interposition de médiations et d'intermédiaires supposés alléger la tension extrême de la subjectivité. Il est fatal qu'elle en vienne à vouloir ne plus vouloir en propre et à abdiquer toute aspiration à une personnalité forte : il faut oser briser les vieilles tables pour porter la nouvelle foi. L'homme nouveau est le législateur de l'avenir : non pas l'esclave soumis de Dieu mais celui qui est capable comme Abraham de se porter à la hauteur de l'abnégation absolue : un homme fort capable de faire face à Dieu dans une rencontre qui peut être fatale à l'individualité. Il est clair cependant pour Ibsen que le problème ne se restreint pas à la sphère de l'éthique religieuse. C'est ce qu'il indique explicitement dans une lettre à Brandes datée de 1871 où il affirme vouloir défendre « *un robuste égoïsme* » contre la coalition des intérêts bornés[22]. L'individualité forte agit par et pour elle-même dans la solide conscience que l'on ne saurait mieux servir les autres qu'en monnayant rudement le métal dont elle est faite[23]. La question n'est plus même d'obtenir de petites libertés dans un marchandage social permanent mais la grande liberté qui ne se divise pas et qui ne rentre dans aucun compromis : *tout ou rien*. Proche en cela de

20- *Brand*, acte II

21- *Brand*, acte IV

22- Il écrit une dizaine d'années plus tard à Brandes et Olaf Skavlan qu'il « *veut être un tirailleur isolé aux avant-postes et agir en toute indépendance* » (1882).

23- Id.

Stirner, Ibsen défend la cause de l'Unique. La critique sociale sous-jacente dans sa dramatique se fonde sur ce principe libérateur d'anarchie. Il faut pouvoir dénoncer les contrats de dupes de la société bourgeoise et refuser radicalement tous les mensonges qui falsifient l'existence. C'est le pari de Nora dans *Maison de poupée* (*Ett Dukkehjem*) lorsqu'elle démystifie le mensonge moral du mariage et qu'elle prend la liberté de rompre une association consacrée par l'Église et l'État. Mais c'est aussi pour indiquer que la force du caractère, la capacité de choisir comme l'affirmation de la libre individualité peut fort bien revenir aux femmes qui sont les victimes désignées du mensonge social. Strindberg et Nietzsche s'en souviendront en passant à côté de la question du féminisme ouverte par Ibsen : la femme qui a l'initiative de la rupture manifeste ce grand désir de devenir soi - et d'être - tout en laissant ouverte la possibilité de refonder l'institution du mariage en vérité[24].

L'impératif moral, devenir soi-même, n'est pas séparable de la règle de la construction « *d'une personnalité forte et claire* »[25]. Cette vérité morale ne fait l'objet d'aucun compromis et il est clair qu'elle ne peut que rentrer dans un conflit ouvert avec toutes les formes instituées de mensonge social. La question est directement posée dans la mise en scène de *L'Ennemi du peuple* (*Folksfienden*, 1882). Le problème est à la fois éthique et politique. Le docteur Thomas Stockmann part en croisade contre « *le mensonge que la majorité détient la vérité* » en mettant au grand jour les racines de cette fiction démocratique qui confond le social avec le pouvoir du plus grand nombre (la masse, la foule, la *majorité* au sens de Stockmann comme coalition des intérêts les plus bas). C'est ce qui ressemble fort avec la philistinerie dont parlait Nietzsche en 1870 avec la différence notable qu'il s'agit pour Ibsen (comme pour

24- Cf. Ellida Wangel dans *La Dame de la mer, Fruen fra havet.*

25- Ibsen, *Lettre à un inconnu*, 1869/70

Strindberg) de consacrer un certain idéal apollinien d'une personnalité forte où l'intellect prédomine et où la clarté de la représentation triomphe de l'obscurité des instincts les plus bas. Le surhomme consacre la suprématie de l'intellect en vérité ou comme le dit Thomas Stockmann : « *il ne peut être juste que les imbéciles dominent les intelligents* » et par conséquent que le plus grand nombre domine l'aristocratie de l'intellect et la noblesse morale du caractère dans l'individualité hors du commun qui est vérité. Face à la foule qui idolâtre sa propre médiocrité et qui « *empoisonne les sources de la vie intellectuelle* », il faut revendiquer la grande liberté. L'individu isolé, un peu pirate et un peu rebelle comme le dira Strindberg dans *Au bord de la vaste mer* (1891), part en guerre contre les vérités reconnues comme autant de mensonges pétrifiés. On peut toujours rêver d'élever le faible niveau de la pensée publique comme le fait Ibsen dans *Rosmerholm* (1884). Cette stratégie n'en est pas moins vouée à l'échec en raison de l'attraction fatale que la médiocrité d'un tel esprit public exerce sur ce type d'individualités à la fois fortes et fragiles qui y laissent leur âme. Dès lors, le salut ne peut venir que de ceux qui ont la force et l'énergie « *de marcher en avant et d'être en intelligence avec l'avenir* ». Ce n'est pas le peuple assemblé qui détient l'énergie de sa propre transformation mais l'individu qui s'en détache. Pour autant, il est douteux que ce conflit trouve une solution sur le terrain même de la politique. L'individualité est et doit rester un principe polémique et une force dissidente sans se faire d'illusions : elle est un principe négatif de révélation de la vérité. La politique dans sa pratique ne veut ni la liberté ni la vérité. L'individualité ne peut que présenter et maintenir la distance avec le mince espoir de relever parfois ce qui tend inexorablement vers le bas en rabaissant ceux qui voudront entrer dans ce jeu de dupes : « *Je suis un hérétique sur le terrain de la politique. Je ne vois pas que celle-ci soit capable d'affranchir les esprits et je n'ai guère confiance dans le désintéressement de ceux qui ont le pouvoir ente leurs mains »*[26].

Il n'y a aucune place au fond pour une quelconque grande politique dans un tel monde mais cela devient finalement l'un des ressorts fondamentaux du tragique ibsénien. L'individu, en propre et d'une manière générale, a peu à attendre de la société et du pouvoir politique. La politique est le terrain du compromis et de la compromission, mais l'éthique dans sa radicalité exclut toute forme de participation à ces mensonges légitimés comme des vérités. À l'individualité par conséquent de reprendre le flambeau de la liberté et de rentrer dans un conflit radical avec ce qui en principe nie sa légitimité. C'est à la faveur d'un rapport négatif à la société que l'individu peut réformer ce qui peut l'être sans se faire d'illusions sur l'existence d'une bonne volonté politique. Ce sera l'un des axes fort de la question du féminisme que posa Ibsen et qui eut le don (et la vertu) d'irriter à la fois Nietzsche et Strindberg[27]. Ce qu'il invente littéralement sous le couvert de cette forme de résistance, c'est une nouvelle forme d'individualisme féminin (d'individuation d'une féminité auparavant prise dans le filet de la génération et de la généralité de l'espèce) capable comme Brand de porter son propre drapeau. Les figures de Nora (*La Maison de poupée*) et d'Ellida Wangel (*La Dame de la mer*) le montrent explicitement. Nora sait qu'elle n'a rien à attendre des institutions. La seule issue est la décision individuelle de rompre en prenant l'initiative de la rupture : c'est la femme qui se répudie d'elle-même d'un mariage sans avenir au lieu d'être l'éternelle victime passive

26- Ibsen, *Lettre à Bjørnstjerne Bjørnson du 28 mars 1884.*

27- À noter que pour Brandes, la propre position de Nietzsche sur les femmes tient à la position conservatrice de l'Allemagne qui, à la différence des pays nordiques, a consigné la femme dans une sphère domestique, privée et dépolitisée.

consacrée sur cet autel béni[28]. Ellida Wangel le revendique explicitement : elle veut du plus profond de son âme (*i sit innerste inne*) le pouvoir de la décision (*avgjørelse*) qui individue véritablement l'être humain, indépendamment de son sexe. Elle veut la volonté et le pouvoir de la volonté pour transformer des relations faussées par des institutions mortes et au sens où l'entendait Kierkegaard, acquérir son être. La femme devient au plan éthique un sujet capable de décider seule de sa destinée, de s'opposer à la société, en gardant cet esprit d'hérésie dont parlait Ibsen à propos de lui-même qui nourrit la défiance envers l'ordre politique[29].

L'impuissance terminale de la volonté de puissance.

Le vouloir est devenu un lion dont le rugissement fait trembler les esclaves, mais il est aussi rongé par un mal secret et une maladie mortelle. Le vouloir a sa propre tragédie et c'est ce scénario qu'expérimente Strindberg dans *Père* (1887) sur le thème de la guerre des sexes. L'individualité surhumaine devrait revenir à l'homme dont la volonté a été transfigurée et purifiée par la lumière de l'intellect. C'est le savoir qui distingue le surhomme ou qui l'anoblit au sens où l'entendait Ibsen. Loin des réserves de Nietzsche sur l'intellectualisme comme de sa critique de la pesante érudition académique, Strindberg idéalise la figure du savant qui surplombe la réalité comme Dieu l'univers. Ainsi en va-t-il des figures du maître Andreas Törner dans *Tschandala* ou d'Axel Borg dans *Au bord de la vaste mer* (1891). Le savoir confère une position dominante sur ceux dont la pensée plonge dans les bas-fonds

28- Lors de la représentation de *La Maison de poupée* en Allemagne, Ibsen dut rajouter un cinquième acte afin de permettre le retour de Nora au bercail…

29- Ce qui n'a pas empêché Ibsen d'explorer le versant obscur de cette volonté à travers la figure de Rebekka West dans *Rosmersholm* qui fascina en son temps Freud.

obscurs de l'affectivité, des instincts et des pulsions. C'est cette structure psychique qui revient constamment chez les figures de Strindberg : l'intellect dominant est un système qui doit être coupé de son fond instinctuel ou, en termes schopenhaueriens, du vouloir inconscient. La polarité entre la surconscience et le vouloir se cristallise dans la guerre des sexes comme entre deux types d'humanité possible. Dans *Père*, la figure du Capitaine apparaît pourtant étrangement affaiblie comme s'il n'était plus que son ombre dont la substance a été assimilée par Laura, la femme-vampire voleuse d'énergie. La lutte à mort qui s'engage sur le terrain psychique entre Laura et le Capitaine exprime à la fois le le conflit métaphysique et psychologique entre *le monde comme volonté* (pôle inconscient inférieur) et *le monde comme représentation* (pôle supérieur conscient) ou encore du sexe et du cerveau[30]. Zola verra pour cette raison dans la figure du Capitaine une abstraction portée par un conflit selon lui méta-dramatique : « *trop de métaphysique allemande...* ». Pourtant, c'est là que le drame peut commencer. La figure surhumaine qui devrait logiquement dominer sans partage dans la relation ressemble à une épave dont la volonté (« *l'épine dorsale de l'âme* ») a été brisée. Il est la victime quasi expiatoire d'une guerre des sexes qui fait rage à tous les plans face à une adversaire qui ne recule devant aucun stratagème et qui agit avec la sûreté infaillible de l'instinct et l'énergie de l'affect. Lui qui ne vit que dans le monde de la représentation et la lumière de l'intellect est en quelque sorte la victime du système de coupures qu'il érige entre le conscient et l'inconscient.

Nous voilà arrivés au point où la guerre des sexes amplifie un conflit dont le lieu était précisément pour les Grecs la tragédie. C'est en ce point que le tragique moderne est la répétition du tragique antique à la faveur de la mise en scène d'un conflit archaïque qui touche aux racines de la civilisation. À travers

30- Cf. Schopenhauer

la mort du père, c'est la paternité symbolique qu'on assassine. Laura a déclaré la guerre. Elle veut le pouvoir (*Makt*) et dérobe à l'homme les insignes de la virilité. Face à elle, le capitaine finit par s'identifier à Télémaque quand il soupçonne sa propre filiation à Ulysse et la fidélité de celle qui aurait dû être la plus vertueuse des femmes. C'est aussi à travers la figure mythique d'Hercule, dieu civilisateur par excellence, qui dompta l'énergie sauvage de la nature, qu'il déchiffre comme dans un miroir le naufrage de sa propre humanité[31]. Le retour des figures mythiques grecques montrent bien qu'à travers la guerre moderne des sexes et le féminisme, on assiste à la répétition du plus archaïque de tous les conflits. La civilisation est née symboliquement de ce qui refoule la féminité à l'arrière-plan (ou fond) et le féminisme ne peut signifier que la destruction de ses fondements. La figure moderne du Capitaine, tel jadis Hercule, succombe devant un ennemi qu'il faudrait encore bien des travaux pour l'assujettir : « *Omphale, Omphale, femme rusée qui, sous couvert de paix, a inventé le désarmement, réveille-toi Hercule, avant que ta massue ne soit dérobée* ».

Sous son apparence civilisée, la femme est une barbare qui n'a de cesse de saper le travail de la civilisation qu'elle hait et combat par tous les moyens à sa disposition : ruse, traîtrise, perfidie, mais surtout stratégie de guerre psychique à outrance face à laquelle les vrais guerriers se trouvent fort démunis parce qu'ils vivent unilatéralement sur le plan de l'intellect[32]. Laura lui apparaît de manière fantasmatique comme une Omphale moderne qui s'est réveillée de son long sommeil séculaire et qui est une revenante venue venger une oppression millénaire. Portée par cette haine refoulée depuis des siècles, elle n'a de

31- C'est aussi à Hercule que se réfère Brand dans sa nostalgie d'un dieu jeune et également Axel Borg dans *Au bord de la vaste mer.*

32- Ce n'est pas par hasard que la figure centrale dans *Père* est un officier dont le rang signifie à la fois le savoir et le pouvoir. Le guerrier rempart de la civilisation et emblème de la culture est en passe de succomber dans une époque où l'androgyne est la figure la plus symptomatique du nihilisme.

cesse que de perpétuer *le meurtre psychique* (*själensmord*) de ceux qui signifient ce pouvoir. Strindberg y fera directement allusion dans un article de *Vivisections II* paru en 1894 : « *en 1897, j'écrivis mon œuvre dramatique, une tragédie nommée Père. Ce qui m'amena à entamer le problème de la paternité fut ceci : je lisais l'histoire de Gustave III, roi de Suède, où l'on raconte que sa mère, par vengeance, répandit le bruit que le roi n'était pas le père de son fils... La nouvelle revue avait attiré mon attention sur la même matière dans un article sur le matriarcat et les conséquences funestes de la régression de la société vers cette forme primitive d'organisation sociale* »[33]. C'est la stratégie funeste de Laura dans la pièce : en introduisant l'ombre de la suspicion dans l'esprit de son mari, elle commet un véritable *meurtre psychique* en comptant sur l'action à distance d'une révélation analogue à un poison qui ne manquera pas de produire tôt ou tard ses effets destructeurs.

C'est cette issue fatale que n'a pas relevé Nietzsche dans le miroir obscur des pressentiments de Strindberg. C'est la cruelle ironie de l'histoire mise à l'envers : la surhumanité a basculé du côté de la féminité qui proclame sa volonté de puissance sans fard. C'est sur l'homme que retombe la tragédie de l'impuissance terminale de la volonté de puissance. Les remparts de l'intellectualité ont cédé et le flot de la barbarie s'écoule librement avec les conséquences sociales prévisibles : le chaos civilisationnel de l'époque androgyne où toutes les différences ne sont estompées (préface à *Mademoiselle Julie*). À l'homme conscient de ce qui l'attend, il reste la tâche surhumaine de repartir tel un guerrier au combat, quand bien même ce combat solitaire par la force des choses serait l'épreuve tragique par excellence. Le véritable héros affirme sa liberté même s'il est condamné ou qu'il sait d'un savoir

33- Strindberg, *Vivisections II*, Bonnier, Stockholm, 1958, p. 36. L'article du sociologue Paul Lafargue dont il est question parut le 15 mars 1886.

sûr que son entreprise lui sera fatale. L'essentiel est d'aller au bout de ce que l'on croit et d'affirmer cette singularité contre l'ordre des choses, s'il le faut : le radicalisme aristocratique est un radicalisme tragique.

L'enfance d'un surhomme : l'étrange cas d'Axel Borg.

Comme Ibsen, mais en réalité d'une autre manière, Strindberg accorde une large prééminence à l'intellect qui anoblit l'homme, seule la culture des facultés spirituelles les plus élevées distingue véritablement l'individualité d'exception de l'homme du commun. Il a le savoir et le pouvoir même si sa position apparaît fragilisée en raison de la coupure radicale qu'il instaure entre les pôles intellectuel et affectifs (les figures d'Axel Borg et du Magister Andreas Törner dans *Tschandala*). Cette figure de la surhumanité est au fond très peu nietzschéenne : Nietzsche n'aurait pas vu d'un si bon œil la figure du surhomme en professeur d'université imbu de son pouvoir et se prévalant de cette noble fonction sociale pour s'installer dans une confortable estime de soi face à la masse des intérêts plébéiens. Cela ressemblerait à s'y méprendre à de la philistinerie avec cette différence que les pouvoirs intellectuels apparaissent figés dans un conservatisme défensif, comme si la forteresse du savoir déjà coupée de la réalité, était assiégée par la meute des barbares[34]. Il s'en faudrait que Nietzsche défende ce type et cette image du savoir et encore moins qu'il légitime la coupure entre l'intellect, l'affectif et le pulsionnel. Strindberg ne sait rien (ou plutôt ne veut rien savoir) de cette *grande raison* qu'est le corps comme le dit Zarathoustra et il devient malgré lui un farouche zélateur de l'esprit ascétique dont Nietzsche fait la

34- Le nom d'Axel Borg n'est pas fortuit (Borg en suédois : fort, forteresse, par extension, ville)

critique en règle. L'affect, le désir, la pulsion relève de la magie noire du féminin face à la clarté du monde de la représentation et la radieuse face apollinienne qu'incarne l'homme. Seule la féminité plonge ses racines dans les mystères dionysiaques de la vie, seule elle, a l'intelligence de la vie et de la mort comme du lien inextricable de la création et de la destruction.

Ce sont ces structures qui apparaissent dans le roman qu'écrivit en 1891 Strindberg, *Au bord de la vaste mer* (*I havsbandet*). Le récit que fait Axel Borg de sa propre enfance est révélateur. Elevé sous la férule d'un père tout puissant à l'intellect souverain et à la volonté de fer, l'enfant n'a pas eu droit à l'enfance comme Kierkegaard, et aurait pu dire de lui-même : « *j'ai été réflexion du commencement à la fin et je n'ai aucune immédiateté* »[35]. Le père a travaillé à faire de son fils une œuvre à son image en lui apprenant à se construire un appareil psychique autonome surintellectualisé où les fonctions supérieures dominent en se coupant (ou en se connectant) à volonté des fonctions primaires et primitives (affectivité, sensibilité, sexualité) : une forteresse (borg) comme le rappelle symboliquement le nom du personnage principal. L'éducation du fils ressemble à s'y méprendre à un meurtre psychique où la vie a été sacrifiée sur l'autel de la toute puissance paternelle ; toutes les fonctions élémentaires de l'esprit renvoyant directement ou non à la corporéité ont été systématiquement effacées dans leur renvoi symbolique au féminin. La guerre des sexes ne se joue pas seulement seulement dans le rapport effectif entre les sexes. Elle est aussi intrapsychique en étant dans l'esprit ce qui structure la hiérarchie des fonctions psychiques. Au sommet de l'édifice trône l'intellect souverain tandis qu'en bas se presse la meute des désirs affamés qui n'en veulent pas

35- Un symptôme récurrent de la guerre des sexes dans le théâtre de Strindberg. Le meurtre symbolique de la mère est en même temps un meurtre psychique parfait où l'individu intériorise les conditions de sa propre négation.

moins la puissance indépendamment de la répression dont ils font l'objet. Le travail civilisateur du père, telle l'œuvre d'un dieu humain, a consisté à éradiquer toute ombre portée par la féminité, quitte à devenir une sorte d'imitation perverse de Dieu, où le père se reproduit en son fils comme dans une image spirituelle que ne vient défigurer aucune altérité.

À l'image du père, Axel Borg s'est intronisé savant et ingénieur. Il s'est formé lui-même par la seule force de sa volonté parce qu'il était en proie à l'hostilité des institutions académiques du royaume avant d'être finalement nommé fonctionnaire royal des pêches dans un archipel reculé où végète une population primitive et hostile concentrant dans sa mentalité tous les vices d'une espèce inférieure : l'ignorance, la barbarie, la superstition. Cet homme des lumières lutte contre jadis Hercule contre toutes les puissances occultes de la terre comme une nouvelle figure surhumaine partie en guerre contre l'obscurantisme et le démonisme. Il symbolise à lui seul la guerre de la lumière et des ténèbres dans une représentation du monde et de l'humain coupée en deux.

Voilà qui nous amène très loin de Nietzsche. Toute la culture du jeune Axel Borg, acquise par la seule énergie du vouloir contre la bêtise savante et institutionnalisée, a été nourrie en sourdine par l'échec et durcie par le ressentiment. D'une certaine manière, il n'est d'aucun monde ni d'aucun milieu. Il a éveillé l'hostilité des milieux académiques dont il ne sera jamais et il n'aura de cesse que d'éveiller la méfiance instinctive de la population des pêcheurs qu'il méprise du haut de son savoir. Il s'est élevé dans son esprit par sa seule force, mais il est resté un fonctionnaire subalterne qui se donne une mission titanesque dans l'archipel. Il n'a que l'imaginaire du pouvoir et le fantasme de la toute puissance et c'est cette équivoque qui va rejaillir sur le type d'individualité d'exception qu'il pense être au cœur de sa solitude. Sa vision de la domination est paradoxalement servile et son orgueil le masque d'un ressentiment qui attend la première occasion pour se manifester. Même la science est devenue entre ses mains une arme de mort où le sujet domine l'objet comme le maître l'esclave. Comme l'intellect, elle est un système de défense et d'agression : une forteresse (borg) isolée dans l'archipel supposée opposer un rempart infranchissable tant aux assauts de la nature que de la population inculte qui survit dans ces contrées reculées. Dans la conception d'Axel Borg, l'intellect est la puissance et l'armature d'un vouloir fort coupé de l'énergétique des désirs et des affects : il est indépendant et autonome tout en conservant la possibilité de se connecter ou de se déconnecter de sa propre énergie psychique, comme s'il était relié à une batterie. Le fonctionnement en circuit fermé de l'intellect porte en germe sa propre faiblesse. Miné par une contre-volonté obscure, laminé par les ondes du désir éveillées par sa rencontre avec la jeune femme et en butte à l'animosité que le fantasme de sa supériorité éveille, il finit par s'effondrer. Le suicide terminal de Borg signe à nouveau le scénario tragique de l'impuissance de la volonté de puissance et de la solitude infinie d'un surhomme qui n'était à l'origine qu'un type d'homme mutilé ployant nous le joug d'une figure paternelle aveugle et peut-être criminelle. Devenu l'assassin de sa propre personnalité, Axel Borg va jusqu'au bout dans le geste héroïque à ses propres yeux de partir en haute-mer le regard fixé vers la constellation d'Orion. Défait et victorieux, humilié et triomphant, il va au bout de la longue histoire de sa solitude.

Meurtriers et assassins : une philosophie du crime.

> « *Nietzsche croit que le criminel (brottslingen) est un fort qui n'est pas parvenu à sa place... je ne puis le croire. La forte intelligence peut s'indigner,*

> *être humble, supporter et attendre. Mais le criminel robuste est plutôt faible en intelligence (idiot) et fort en émotions (animal)* »[36].

Dans quelle mesure peut-il être considéré comme surhumain ? À l'encontre de la théorie dégénérative, Nietzsche voyait en lui le symptôme d'une volonté forte et d'une individualité hors du commun conduit à la rupture sociale. Il n'est pas anodin que Strindberg soit revenu explicitement sur ce point dans une lettre adressée à Nietzsche lui-même pour s'opposer à cette interprétation érronée du problème selon lui: il n'est pas possible d'attribuer au criminel une telle prérogative parce que la surhumanité, si elle existe, ne peut revenir électivement qu'à l'individualité qui s'est anoblie par l'intelligence et cultive les plus hautes facultés de l'esprit. L'assassin le plus accompli est plus proche de l'animalité bornée que d'un type d'homme supérieur[37]. Voilà ce qu'écrit Strindberg à Nietzsche dans une curieuse relation en miroir où chacun renvoyait une image déformée de et à l'autre. La position de Nietzsche est totalement contradictoire à ses propres yeux mais en même temps cette opposition théorique lui voile ce qu'il a exclu de son propre champ de pensée : que l'intelligence peut être criminelle et qu'elle oscille en permanence entre meurtre et suicide (comme meurtre de soi puisque l'on devient symboliquement son propre assassin agissant peut-être sous l'emprise d'une autre volonté).

Mais le problème ne s'arrête pas là ; car Strindberg n'hésite pas à dresser le portrait du surhomme qu'il met en scène en criminel à l'instar du Magister Andreas Törner dans *Tschandala*. La représentation non élucidée du criminel est un thème récurrent dans la dramaturgie strindbergienne et elle ne concerne

36- Lettre de Strindberg à Ola Hansson du 18 février 1889

37- Lettre de Strindberg à Nietzsche de 1888. Voir également la réponse de Nietzsche dans sa lettre du 8 décembre 1888

pas tout à fait par hasard les figures, supposées supérieures, du père-meurtrier de sa famille (la femme qui disparaît dans des conditions mystérieuses, le fils sacrifié, tel Isaac, sur l'autel de la toute puissance, sans que rien ne retienne le couteau qui s'abat). Si l'on suit l'objection que Strindberg fait à Nietzsche, il est dans la logique de la lutte à mort des sexes que Laura soit l'instigatrice d'un meurtre particulier (*psychique)*, mais il devient problématique lorsque l'individualité forte dotée d'une intelligence supérieure succombe face à son ennemi ou bien qu'elle devienne criminelle en toute bonne conscience, comme le fait Andreas Törner dans *Tschandala*. Mieux : elle peut devenir souverainement criminelle en utilisant l'art consommé du crime et du meurtre psychique. Il commence par s'effrayer et s'étonner que l'intendant du domaine puisse fomenter de tels scénarios criminels alors qu'il ignore tout de la science et de la philosophie du crime : il faudrait selon lui être un criminologue accompli ayant l'art de la mise en scène et la psychologie de l'adversaire pour perpétrer des crimes parfaits. Or, seule l'individualité d'exception en est théoriquement capable, là où les faibles ont pour eux-mêmes l'ingéniosité irréfléchie de leurs désirs qui peut leur être fatale (Laura dans *Père*). En théorie, les êtres inférieurs sont trop ignorants pour commettre un forfait à la hauteur de celui qui ne peut jamais être criminel par ignorance... Telle est la trame qui court dans *Tschandala* qui fait référence à Nietzsche évoquant l'Hindouisme et les Lois de Manu: le Magister Törner vient d'être envoyé dans une région récemment reprise aux Danois au XVIème siècle avec la mission de reconquérir les esprits. Il échoue dans un domaine à l'abandon tenu par une fausse baronne et un régisseur d'origine danoise, miné par l'impuissance et le ressentiment[38]. Le décor

38- Le scénario a une trame identique à celui de *Au bord de la vaste mer* où Axel Borg se retrouve aux confins d'un archipel perdu et également du *Sacristain romantique de Rånö* où Alrik Lundstedt se voit nommé organiste titulaire dans la paroisse d'un hameau perdu après avoir goûté les richesses culturelles de la capitale suédoise.

est donc dressé pour une lutte à mort entre le digne professeur Törner et le régisseur Jensen dans un conflit surdéterminé (par la guerre des nations, des classes ou des castes comme le suggère le rappel des *Lois de Manu* en guise d'éloge funèbre de l'infâme défait, de l'intelligence et de l'instinct, etc.).

Le drame commence avec la prise de conscience de l'inversion du rapport normal des choses. Le professeur à qui revient de droit le pouvoir et la puissance (*Makt*) découvre qu'il est inconsciemment manipulé par un individu frustre et ignorant qui, à l'instar des femmes, semble avoir part à la puissance occulte leur permettant de dominer instinctivement les psychismes sans en posséder la science psychologique. Sous l'emprise de cette contradiction, le professeur en vient à faire l'auto-analyse de son propre cas de possession psychique et à se disséquer lui-même comme s'il était son propre cadavre. Il découvre alors, consterné par cette aberration, qu'il en est venu à former des syllogismes compliqués pour découvrir qui a volé un objet insignifiant. Le penseur habitué à embrasser les hautes sphères intellectuelles assiste impuissant à sa propre désagrégation mentale dans un laboratoire où il est devenu à la fois objet d'investigation et d'expérimentation *in vivo*. En quelques semaines, il s'est rabaissé au niveau de la mentalité primitive de son ennemi mortel sans qu'il puisse décider ce que peut la magie blanche de l'intellect contre la magie noire de l'instinct. Il est littéralement possédé par cette âme inférieure comme si les barrières psychiques qui séparaient les maîtres des parias étaient devenues perméables et que toute différence menaçait de s'effondrer. Il s'est inconsciemment tellement identifié à son ennemi que ce dernier a fini par prendre possession de son psychisme et instrumentalisant son propre intellect.

C'est le tournant décisif. À partir de là, Törner va élaborer le plan de l'élimination de son ennemi mortel à l'aide d'une stratagème ingénieux qui lui permet de passer à l'acte tout en gardant les mains propres et la conscience intacte : il va mettre le grand art de l'illusionnisme au service de la théorie pratique du crime parfait et faire ainsi éclater la supériorité du savoir sur l'ignorance. Il a en l'occurence trouvé le moyen technique de matérialiser les fantasmes de son adversaire en projetant les images inconscientes qui le terrifient dans une mise en scène cruelle où il finit dévoré par ses propres chiens. Le transfert de la puissance s'est effectué inconsciemment. Initialement victime d'une forme étrange de parasitisme mental, il trouve le moyen de s'identifier aux fantasmes de son ennemi mortel pour le détruire.

Qui est le criminel ? Strindberg est convaincu dans ses propres objections à Nietzsche que les vrais criminels sont les natures les plus faibles. Le vrai criminel dans *Tschandala* n'est pas le professeur qui rétablit la justice, mais le régisseur qui se rend coupable de toutes sortes de transgressions. Le paradoxe apparaît immédiatement. Törner orchestre la mort de Jensen. Il tue et ne tue pas. Il accomplit son acte à distance en parfait dramaturge contrôlant la mise en scène de la mise à mort. Il est un meurtrier à l'âme pure qui estime en toute bonne conscience avoir rétabli l'ordre des choses. L'essentiel est de lutter contre ce qui sape les fondements de la civilisation sans hésiter à employer les armes de ses ennemis mais avec la virtuosité que confère seul le savoir. Extirper le mal n'est pas un mal. Le criminel, c'est forcément l'ennemi mortel qui a fini par cristalliser dans l'imaginaire toutes les figures inquiétantes de l'altérité à la loi (au premier rang desquelles prend place celle de la féminité et son savoir primitif des forces obscures).

Törner n'éprouve aucune pitié devant le corps de son ennemi terrassé. Il a eu une mort à son image, justice a été faite. Le surhomme est à cet instant l'image exemplaire de l'intransigeance comme s'il avait pris à la lettre de « *devenez durs !* » de Zarathoustra, mais qui aurait oublié l'autre face : « *César avec l'âme du Christ* ». Lui s'est forgé une carapace intellectuelle et morale durcie au feu, inhumaine plus que surhumaine, manquant singulièrement de cet amour fort et grand dont parle Nietzsche. Il n'y a en lui aucune générosité ni aucun style de la grande âme que réclamerait le philosophe, et ses actes donnent plutôt l'impression d'être inspirés par le démon du ressentiment dont il ne perçoit la projection que chez son ennemi mortel.

Il n'est pas jusqu'à l'épilogue qui ne traduise un compromis moral en forme de justification avec sa propre bonne conscience retrouvée. Le mythe de l'individualité super-morale peut continuer. Le surhomme, le plus fort et le plus intelligent, a triomphé comme le rappellent les *Lois de Manu* : « *le paria était mort, l'aryen avait vaincu, vaincu grâce à son savoir et sa supériorité intellectuelle sur la race inférieure* »[39]. Derrière un acte odieux qui ne se pense pas comme tel, on assiste à la répétition de la geste mythique fondatrice de l'ordre dans la civilisation dans sa lutte impitoyable contre la nature. L'aryen, comme l'Hellène, repousse les hordes barbares qui menacent aux frontières et c'est à la conscience de ce devoir qu'il puise sa satisfaction morale : « *il pouvait maintenant contempler* [l'adversaire] *avec un esprit de pardon et lorsqu'il fut assis dans la salle de lecture de l'université, où il lut les Lois de Manu, il comprit que la haine dont il avait été l'objet et toutes les chaînes d'infamies d'un homme à qui il n'avait voulu que du bien* »[40]. L'insurrection du paria signifiait à elle seule le renversement de toutes les valeurs sociales et culturelles à

39- Strindberg, *Tschandala. Ces termes doivent être compris sans leur sens d'origine comme le refoulement de l'inde dravidienne (sud) par l'inde aryenne brahmanique (nord) et la retranscription de cette lutte dans le système des castes. Arya est aussi le mot qui a donné son nom à l'Iran, patrie du zoroastrisme et de la figure spirituelle qui a inspirée Nietzsche dans son œuvre.*

40- Strindberg, *Tschandala*, trad. Elie Poulenard, Aubier

travers l'oubli de sa propre condition. Car l'humanité générale, le plus grand nombre, est le sol à partir duquel peut croître la noble fleur de l'intellect chez un petit nombre d'élus, « *elle est comme le fumier réchauffant et nourrissant qui existe uniquement afin que la noble tribu des aryens puisse repousser et refleurir tous les cent ans, comme l'aloès* »[41].

À lire Strindberg, Nietzsche aurait été fort surpris de voir sa propre conception du surhomme interprétée à la faveur de la personnification de l'idéal ascétique le plus rigoureux. Une telle individualité super-morale s'imagine incarner à ses propres yeux le travail et la discipline des mœurs qui sont les valeurs fondatrices de la culture. En tant que personnalité, elle est le fruit du renoncement à ses propres instincts, de la subordination du corps désirant comme de toute cette naturalité sauvage qui se demande qu'à faire surface. Le travail titanesque de recivilisation de la culture n'aurait aucun sens s'il n'exprimait la construction d'une personnalité qui a renoncé à tout ce qui signifiait sa condition inférieure. L'individualité supérieure qui s'est assassinée elle-même a fini par trouver dans cette auto-mutilation la condition absolue de la maîtrise. La conscience morale commande le meurtre. Elle le fait avec d'autant moins de remords qu'elle mesure le jugement et le verdict à l'aune de cet idéal ascétique qui a forgé l'armature de ce caractère supérieur.

Dans le curieux jeu de miroir entre le maître et l'esclave, il y a le soupçon intolérable que le paria est la figure de son double inversé lui rappelant tout ce qu'il a expulsé du champ de sa personnalité. Jensen est donc dans son imaginaire une contradiction vivante : un fantôme resurgi du passé qu'il s'agit de faire rejoindre sa tombe au plus vite comme s'il n'avait jamais dû faire irruption. Son *alter ego* a réveillé le souvenir de son propre assassinat et c'est le signe d'une image défunte

41- Strindberg, *Tschandala*, id.

de son identité qu'il regarde gisante. Il fallait d'une manière ou d'une autre que son moi inférieur meure à nouveau pour que le moi supérieur renaisse conforté sous la forme d'une individualité morale qui se donne le droit d'exiger des comptes à ceux qui n'ont pas su s'acquitter de cette dette.

La morale est, comme le disait Nietzsche dans *Par delà le bien et le mal*, « *un système de cruauté* » qui porte à un nouveau point ce que la religion avait inventé. Strindberg ne sort jamais des conditions de (l'auto) analyse cruelle qu'il s'est appliquée. La structure du double est fondamentale pour comprendre l'image que se fait Strindberg du surhomme et, en réalité, de l'effort surhumain qu'il demande au moi de l'individu pour rejoindre cette figure impossible de l'idéal cruel du moi. Et s'il ne cesse de projeter cette fracture interne dans l'extériorité, c'est pour ramener tout conflit au différend jamais réglé de la différence sexuelle. La *guerre des sexes* est la matrice de toute guerre possible où se répète sous d'autres figures la même structure.

*L'Antichristianisme : Hérakl*ès *contre le Christ.*

Beaucoup de voix s'élevèrent en Suède contre la conception inhumaine du surhomme en plein débat sur le radicalisme aristocratique ouvert par Brandes. La grandeur et la distinction que demandait Nietzsche paraissaient notoirement absentes de la conception hypermorale d'un type d'homme qui ne fait que réagir et dont la force est frappée du sceau de la faiblesse. Loin de penser et d'agir *par-là le bien et le mal*, l'individu ne fait que reproduire de la manière la plus conservatrice la séparation entre le bien (l'intellect, la volonté) et le mal (désirs, affects) pour exiger si ce n'est la subordination du moins le sacrifice de cette composante inférieure de la personnalité : ou bien l'ordre dans la différence ou bien le chaos. Dans le livre qui parut en 1889 dans le sillage des conférences de Brandes, Ola Hansson compare le texte de Strindberg « *à un temple de style nietzschéen* » au fronton duquel l'auteur a gravé les lois immortelles de Manu[42]. La vision nietzschéenne entérine la coupure de l'humanité en deux parties viscéralement hostiles dont rien ne peut médiatiser le conflit. En radicalisant l'antichristianisme, il annonce l'Évangile de l'Homme Nouveau en tant que législateur de l'avenir alliant à l'intelligence la plus pure le vouloir le plus dur et qui réalise l'unité supérieure du monde comme représentation et du monde comme volonté pour parler comme Schopenhauer.

De ce point de vue, le surhomme est loin d'avoir coupé ses liens avec le christianisme et apparaît comme une nouvelle figure anthropothéologique qui prend le Christ comme bouc-émissaire de toutes les faiblesses. D'une certaine manière, il exprime un phénomène que Nietzsche avait lui-même diagnostiqué sous le nom de *surchristianisation du christianisme* dans *Le Gai savoir*. Loin de penser et d'agir au-delà des schémas chrétiens, on pratique une forme de surenchère comme s'il fallait trouver une forme de compensation à la nouvelle de la mort du divin ; précisément chez Strindberg, la mort de Dieu n'annonce rien de bon. À l'angoisse de l'absence du divin se substitue celle de la présence écrasante d'un homme sans caractère dans une époque qui porte les stigmates du nihilisme : la mort dans l'indifférence générale. Mais il y a plus. Car désormais l'homme n'en finit plus de porter le poids de l'homme et tout se passe comme s'il reprenait l'intégralité du poids de la dette et de la faute sur ses propres épaules comme semble l'indiquer le titre de la pièce *Créanciers*. L'homme créancier de l'homme ne fait guère preuve de mansuétude. Il n'en finit plus de réclamer et de rendre des comptes. Il ne s'épargne aucune cruauté pour faire valoir ses

42- Ola Hansson, *Nietzscheanismus i Sverige* (*le nieztschéisme en Suède*), 1889. Voir également : Harald Beyer, *Nietzsche og Norden*, op. cit., II, p. 112.

droits qu'il considère comme absolus. La conscience morale de la dette qui est au cœur du problème religieux selon Nietzsche a changé de nature avec la mort de Dieu. Le grand créancier divin est mort mais il n'a guère tardé à renaître sous une forme humaine tout aussi inquiétante sans que jamais ne soit abolie la relation créancier-débiteur au cœur de la relation Dieu-homme (le péché comme dette originelle que rien n'effacera).

Jusqu'en 1896 - où l'on assiste à un retour marqué d'une conception mystique sous l'égide de Swedenborg - l'antichristianisme de Strindberg se polarise entre la fidélité à la figure du Père présente et absente et la haine qu'il réserve au Christ en tant que figure médiatrice. Seul un athéisme fort pourrait guérir l'humanité souffrante, mais il ne peut survenir qu'en s'adossant à la figure du Père en tant que justicier inflexible dont la force n'a pas été attaquée par la rouille de la pitié. Dieu est mort en son fils de pitié pour les hommes et ce n'est pas tout à fait par hasard que cette attitude ambivalente, sous couvert de critique du christianisme humanitaire (que l'on retrouve aussi bien chez Kierkegaard et Ibsen) retrouve l'atmosphère forte qui prévalait dans l'*Ancien Testament* : Dieu est peut être mort dans les années 1880 mais il y a la gigantesque ombre portée par le Père tout puissant comme dans la mise en scène de *Mademoiselle Julie* où l'on entend les pas du comte à l'étage supérieur. En bas, les enfants des hommes se livrent à leur jeu cruel, tandis qu'en haut on entend résonner les pas de l'homme que l'on ne verra jamais mais dont la présence pèse d'autant plus lourdement qu'il n'est pas visible *là-haut*. Le père présent et absent rôde à l'étage supérieur comme le dieu mort et vivant hante un ciel qu'il tarde à déserter.

La véritable cible de l'individualité forte à la volonté de puissance affirmée est le Christ qui est à la fois l'âme damnée des faibles et l'idole d'une religion chrétienne moribonde.

Quelle que soit la complexité de sa relation à Nietzsche jusqu'à la crise dite d'Inferno en 1896, Strindberg ne veut pas à l'instar de Kierkegaard et d'Ibsen (dans son drame *Brand* de 1866) opposer une religion forte et rajeunie à un christianisme exténué par l'humanitarisme. Il ne s'agit pas seulement d'un dieu alliant la force juvénile d'un dieu grec à la vigueur du dieu de l'Ancien Testament et qui ne craint pas d'inspirer la crainte et la terreur à l'homme. Il y a dans toute foi revigorée un rapport de force où Dieu parle à l'individu au lieu de s'effacer derrière la figure d'un Christ affaibli incapable d'inspirer des affects plus toniques.

L'antichristianisme de Strindberg en veut essentiellement à la figure du Christ en tant que meurtrier du Père et peut-être en ce sens l'instigateur d'une forme de meurtre pychique. Il est par excellence l'imposteur et l'usurpateur qui finit par se substituer au Père invisible qui se retire désormais dans l'inaccessible : celui qui me voit, voit mon Père, car je suis le non-visible devenu visible. À partir de là, il peut entériner l'abolition de toute différence. Mais Strindberg ne cesse de le répéter : le fils n'est pas le père. Les signes distinctifs de la transcendance ne sont pas abolis et l'antichristianisme doit être pris dans sa signification la plus littérale et radicale : il se porte de fait plus sur la figure du Christ médiateur que sur la figure autocratique du père qui a la puissance. Le Christ est ainsi un *voleur d'énergies* comme le dira Rimbaud. Il est analogue à la femme qui dérobe les attributs sacrés de la paternité-virilité et dont la force croît à mesure qu'elle exténue sa victime : le Christ-vampire ne vit pas seulement de l'énergie volée à son père absent mais de celle de toute individualité forte à la volonté hors du commun.

La guerre est dès lors ouverte comme dans l'étrange histoire fatale d'Axel Borg dans *Au bord de la vaste mer*. Il faut aller au bout de sa solitude surhumaine sans s'incliner devant le dieu des faibles ni « *mendier sa grâce devant le calice* ». Il ne peut être question de se soumettre à celui qui symbolise le sacrifice du moi et le renoncement à toute individualité. Le Christ est l'inversion de toutes les perspectives et de toutes les valeurs : tout ce qui est inférieur est sanctifié, tout ce qui est supérieur est sacrifié. C'est avec le Christ qu'a commencé la contreculture des instincts les plus bas et par conséquence l'entreprise de destruction morale des fondements de la civilisation. À l'autre extrémité, il y a la figure rayonnante du demi-dieu grec qui fait triompher la volonté et l'intelligence sur la nature : Hercule contre le Christ... et en filigrane un avatar de la guerre des sexes[43]. Dans sa triomphale déroute au moment de larguer les amarres vers *la vaste mer*, Axel Borg pointe résolument son embarcation vers la constellation d'Hercule qui semble narguer jusque dans les cieux l'étoile de Noël que révèrent d'autres. Tout est accompli dans ce dernier geste symbolique où se noue l'affirmation et la négation du moi.

Beaucoup de choses ont été dites sur le rapport de Nietzsche et de Strindberg jusqu'à la formule elliptique du divorce finale (*Euh ! Divorçons !*). Il a été plus rare que l'on mette en perspective la manière dont Strindberg a pensé à la faveur de leur mise en scène les idées de Nietzsche dont il pense d'ailleurs être l'inspirateur dans ce mariage insolite. Il est toujours possible de se demander si Strindberg a correctement *compris* Nietzsche dans cette lecture intensive, à fleur de peau et de nerfs. Tout dans leur accord est riche de malentendus, à commencer par la question de la féminité qui semble avoir retenu l'attention de Nietzsche autour de *Mariés* (*Giftas*, I-II, 1886) et de *Père*. Mais les questions de l'antichristianisme, de la volonté de puissance et de la surhumanité ne le sont

43- Le Christ-féminin à l'âme d'esclave utilise les mêmes stratagèmes. Le Père s'efforce devant lui comme par exemple le Capitaine devant Laura au terme de cette guerre psychique à outrance où s'opère un véritable transfert d'énergie et de puissance. Dieu n'est plus que l'ombre de lui-même face à ce *fils* qui l'a relégué.

pas moins, en admettant que l'interprétation de ces concepts soient fixées, ce qui est sans doute loin d'être le cas. Pour Strindberg, la volonté de puissance est volonté de pouvoir et c'est la question obsédante de l'impuissance de la volonté de puissance qui occupe le premier plan dans sa conception *moderne* de la tragédie. Nietzsche aurait peut-être été surpris de voir le surhomme en professeur d'université après tout le bien qu'il dit à l'instar de Schopenhauer des dignes représentants académiques du savoir. Peut-être moins de le voir en nouveau missionnaire de la culture en pleine barbarie. Après tout, Brandes consacre un long développement à ce combat sans merci contre la philistinerie moderne dans les *Considérations inactuelles* et présente Nietzsche comme une figure héroïque à la pointe de ce combat sans merci. De fait, pendant un peu plus d'une décennie, Nietzsche va servir d'emblème à toute une génération d'écrivains et d'artistes fortement marginalisés par rapport à leur milieu d'origine (les bohèmes scandinaves de Paris et de Berlin des années 1890). Seul contre l'esprit du temps dominé par l'utilitarisme anglo-saxon et le moralisme de Comte et de Saint Simon en France, il voit partout les signes de l'affaiblissement de l'individu à une époque qui sacralise le collectif ; le « *vivre pour autrui* » d'Auguste Comte est le comble de cette surenchère du christianisme mort et bien vivant qui continue par d'autres moyens l'entreprise de destruction de l'individualité comme de tout ce qui peut rendre l'individu plus libre et plus fort. Il est la devise morale du nihilisme qui est l'esprit sans esprit de l'indifférence et donc de mort spirituelle.

C'est ce que Strindberg appelle l'époque *androgyne* dans la préface à *Mademoiselle Julie* en reconduisant explicitement la question du nihilisme à celle de la différence des sexes et à la guerre sans merci qui les oppose : la femme du féminisme moderne a tout intérêt à promouvoir l'indifférence en détruisant les signes de la virilité et de la paternité, et par conséquent le lien fondamental, car fondateur, de l'intelligence et de la force, du savoir et du pouvoir conquis jadis par l'homme de haute lutte. Le nihilisme détruit radicalement les fondements anthropologiques de la culture née de la domination de la nature et de la hiérarchisation des plans. À partir de là, les nouveaux missionnaires de la culture ne peuvent que reprendre le flambeau de la lutte héroïque contre la barbarie dans une parfaite répétition de la geste héroïque des dieux et demi-dieux de l'Hellade. Ce sont des figures solaires, apolliniennes, qui ont fait reculer dans l'ombre les forces dionysiaques et le fond sans fond, sauvage, de la vie dans son excès pur. La volonté de puissance s'exerce de manière unilatérale dans le sens d'une maîtrise de ce chaos dans une figure qui rappelle aussi bien le Dieu de l'Ancien Testament créant le monde à partir de la domination de l'informe. C'est aussi la raison pour laquelle tout se passe chez Strindberg comme si Hercule était le seul digne fils du dieu fort de la Bible, au lieu de ce misérable imposteur qui prélève l'énergie de son père pour assoir son emprise sur les âmes. Le Christ-femme voleur d'énergies est le pôle négatif de l'antichristianisme qui n'est que l'autre face d'un antiféminisme puisant à la même source. Le Christ, comme la femme, usurpe la place et la position qui revient de droit aux soutiens de la civilisation fondée sur la stricte différenciation hiérarchique des plans. Le nihilisme, comme retour à l'indifférencié, est la mort spirituelle de la civilisation et l'absence de tension des forces qui anime toute vie (d'où le néant de l'époque *androgyne* qui marque l'avènement croisé d'hommes dévirilisés et de femmes survirilisées qui ont pris le pouvoir en vue d'installer leur propre pouvoir : la vie, qui est différence et différenciation, ne peut survivre dans de telles conditions).

Le nihilisme est au fond la force indépassable du temps présent en dépit de l'énergie de la volonté pour contrer cette terrible involution. *La vaste mer* à laquelle se remet Axel Borg est le signe de cette victoire annoncée, au même titre que celle des héros tragiques malgré eux que Strindberg met en scène. Tout se passe comme si Strindberg devançait Nietzsche sur son propre terrain en annonçant la défaite fatale de toute surhumanité à venir. En 1896, Strindberg est déjà loin de Nietzsche et le rôle du surhomme a été confié à la direction spirituelle de Swedenborg et de ses *esprits correcteurs* supposés rectifier le cheminement tortueux de l'âme. Le surhumain aurait dû être la colonne vertébrale de l'humanité, son *bâton correcteur*, mais la volonté, « *la colonne vertébrale de l'âme* » est au fond tellement faussée et tordue qu'il lui faut une médication plus radicale, que seule le religieux peut offrir dans la plus pure tradition *mystique* et visionnaire du piétisme. Même dans son retour au religieux après la crise d'Inferno (1896), Strindberg est à la recherche de personnalités fortes et il n'est pas question dans ce retour de se rallier au Christ, symbole de toutes les faiblesses de l'humanité.

Seul contre tous : figures de la surhumanité chez Ibsen.

Le dernier mot du nietzschéisme dans le nord n'a pas été dit et c'est à Ibsen de refaire une entrée en scène remarquée avec l'une de ses dernières pièces *John Gabriel Borkman* (1896) qui porte la marque significative de son rapport à Nietzsche, préfiguré dès les années 1860 (*Brand*). Georg Brandes fut le médiateur autant par la correspondance durable qu'il entretint avec Ibsen que par son livre sur Shakespeare dont les héros étaient considérés comme autant de symptômes de la volonté de puissance. On sait avec certitude qu'Ibsen a lu le livre de Lou Andreas-Salomé[44] mais en dehors d'une lettre à Brandes sur ce sujet, rien n'indique que sa propre relation à Nietzsche ait été suivie. Le fait est d'autant plus étrange que Ibsen - comme le remarque presque incidemment Brandes dans sa

44- Friedrich *Nietzsche in seiner Werken*, 1894

conférence - est beaucoup plus proche de Nietzsche que ce dernier ne le soupçonne : la critique d'un christianisme faible, l'affirmation de la volonté et de sa force léonine[45], le refus de l'État « *monstre froid entre les monstres froids* », la mise en avant de l'individualité forte en butte à la médiocrité ordinaire, en font presque par avance un représentant du *radicalisme aristocratique* dont parle Brandes à propos de la personnalité d'exception, avec l'aval de Nietzsche qui trouve cette formule le concernant très appropriée.

John Gabriel Borkman est l'incarnation du surhomme à la volonté de puissance affirmée qui vit depuis son procès dans une forme de réclusion volontaire à l'étage supérieur. Il est une individualité déchue et solitaire dont la mélancolie est à la mesure de l'impuissance subie. En bas, à l'étage inférieur, les deux femmes. Il n'est pas jusqu'au morceau qu'exécute Frida Foldal devant lui (*La Danse macabre*) qui ne rappelle la forte présence de Nietzsche à travers sa polémique avec Wagner qu'admirait par ailleurs Ibsen[46] : requiem pour une individualité hors du commun qui n'est déjà plus au moment où commence le drame que l'ombre de lui-même vivant à l'étage dans une solitude farouche comme un demi-dieu abandonné. Une autre danse de mort (*dødsdansen*) a commencé[47] où s'oppose la volonté de vivre du fils à celle de celui qui est devenu une sorte de paria revendiquant jusqu'au bout le droit souverain de se juger lui-même et non pas de subir une loi étrangère et des faux procès. Car telle est la malédiction qui plane sur les hommes élus : ils ne peuvent être compris par le plus grand nombre et n'ont pas au fond à rendre compte de leurs actes

---

45- Cf. *Brand*, 1866

46- *La Danse macabre* de Saint-Saëns a été considérée notamment en France comme une réaction à Wagner et fut saluée comme telle.

47- H. Ibsen, *John Gabriel Borkman*, Acte I, p. 137, Ed. De l'imprimerie nationale, trad. fr. Terje Sinding, 1993

devant ce tribunal *trop* humain où règne l'esprit sans esprit de la médiocrité assurée d'elle-même.

John Gabriel Borkman aurait dû être le magicien de la nature et l'incarnation du nouvel esprit prométhéen et du titanisme qui veut étreindre la terre et embrasser l'immanence : la terre est son destin. Tout ce qui dort dans le sein de la nature doit être exhumé et transmuté en richesse, tout ce qui végète dans l'obscurité de la mine, pierre, métaux, minéraux, doit être porté à la lumière et briller d'une nouvelle lumière. La volonté de puissance est devenue chez lui volonté de domination sans limites d'une nature qui n'est plus qu'un pôle d'objectivation et d'exploitation. C'est la figure surhumaine de l'ingénieur et du travailleur selon l'esprit de la technique planétaire dont parle Ernst Jünger. C'est la figure à la limite du mythe du génie souterrain de la mine pris d'ivresse ascensionnelle comme l'était la figure du constructeur Solness qui édifie symboliquement la tour qui précipite sa chute finale dans le vide ou encore celle du sculpteur Rudbeck[48]. Tout se passe comme si la volonté de puissance se brisait elle-même victime de sa propre dureté, à l'image de la main de métal qui étreint le cœur de John Gabriel à la fin de la pièce éponyme. D'une certaine manière, il y a un processus dramatique analogue à celui que mettait en scène Strindberg quelques années plus tôt sous l'influence de Nietzsche : l'humanité brisée en deux parties en une masse suivant la courbe descendante de la pente nihiliste et un petit nombre d'individus isolés qui finit par se précipiter dans l'abîme qui s'est ouvert sous ses propres pas : « *Voilà la malédiction qui pèse sur les hommes élus - la masse, la plèbe, ... ils ne nous comprennent pas Wilhelm* ». Rien n'est plus proche de l'esprit du radicalisme aristocratique ressaisi au cœur de son tragique. Celui qui est à lui-même son propre destin déchiffre le signe de son élection par sa malédiction que

48- Cf. Ibsen, *Quand nous nous réveillerons d'entre les morts.*

font peser sur lui les « réprouvés » en haine de cette élection. Car rien en même temps ne rappelle plus l'esprit d'un certain luthéranisme de la prédestination qui individualise absolument le croyant face à son Dieu et dont la foi est la seule justification. On ne trouve pas ici cependant l'esprit radical de Brand et son élection par Dieu. L'homme élu, « distingué », l'est par lui-même et son vouloir absolu. Il n'a pas de compte à rendre à une justice humaine trop humaine. Même ses crimes, dussent-ils être tels devant la justice des hommes, demandent une autre juridiction : ce que j'ai fait est hors du commun. Nul loi humaine n'est à sa mesure. Un tel criminel ne peut être jugé à l'aune de mesures aussi étrangères à sa nature, en vertu même de son intelligence supérieure. Il faut que sa volonté reste la plus forte. L'entrepreneur et l'ingénieur au cerveau surpuissant a beau être la victime des envieux et du ressentiment général, il ne renonce pas à instruire lui-même son procès quitte à tomber dans cet étrange scénario : être à la fois son propre juge et son propre défenseur pour finalement s'acquitter en toute bonne conscience. Ma volonté est ma loi souveraine et « je » n'ai pas à subir le procès inique des volontés faibles assemblées par leur médiocrité auxquelles le nombre ne confère aucune légitimité. Criminel aux yeux de la loi, il ne l'est pas devant son propre tribunal seul habilité à prononcer de tels jugements « par delà le bien et le mal »[49].

Le drame de l'ascension et de la chute de l'individualité « élue » et maudite par cette élection - et qui va devenir le bouc-émissaire de la société - cache un drame métaphysique plus profond qui touche à la divinisation de la technique et de ses figures héroïques (l'ingénieur chez Jules Verne, le travailleur de Ernst Jünger). John Gabriel Borkman est une figure à mi-

49- Voir également la manière dont le magister Törner dans la nouvelle *Tschandala* de Strindberg s'acquitte devant sa propre conscience : il tue sans tuer, il est un (non-) criminel à l'intelligence supérieure qui finit par avoir le dernier mot.

chemin entre la réalité et le mythe, l'homme de fer et l'enfant de la mine qui a atteint le firmament de l'humanité alors que le ciel se vidait de toute substance. Il lui faut alors s'emparer de la terre. Il y a en lui le magicien qui délivre les énergies telluriques et le spéculateur qui fait « *chanter le métal* ». Il est en proie au démonisme de la volonté de puissance qui étreint la terre, lui ouvre les entrailles et en exhibe les richesses cachées au grand'jour. Mais la terre est aussi bien le destin : la magie noire de la mine qui fait succomber le héros tragique à sa propre malédiction et consommer son élection. La volonté se brise : il aurait du transformer la matière en or brillant et la faire rayonner de lumière mais son destin tragique est ailleurs : l'homme de la mine et du fond ne renaîtra pas en une figure radieuse transfigurée par la volonté de puissance mais en réalité terrassée par elle. Dans ce drame complexe, c'est « *la danse de mort* » de la technique qui a commencé en tant que « *métaphysique amétaphysique* » (Jan Patočka) en renouvelant le sens du mythe du pacte avec le diable : le rêve de l'âge de fer vire au cauchemar dans les longues guerres du XXème siècle avec l'alliance terrifiante de la rationalité et de la barbarie.

La poétique de la mine et du métal qui chante ne dit pas seulement l'aspiration du fond à se transfigurer à la lumière et et à la libération de la terre qui sommeille sur son propre fonds non arraisonné. Toute la symbolique du drame d'Ibsen repose sur le double jeu de cette transfiguration et de cette élévation au dessus de la condition humaine asservie à la chaîne de sa propre médiocrité tout en aspirant à sa propre élévation à travers quelques individualités prédestinées. L'insurrection et la révolte de l'individualité forte souverainement auto-législatrice sont les signes de cette élection paradoxale dans un monde sans Dieu et qui devient par là-même analogue à un dieu humain : Héraklès à la place du Christ. C'est dans ce monde déserté que certaines individualités peuvent se prédestiner au lieu de l'être en vertu de la grâce ineffable d'un Dieu inaccessible du sein d'une masse de réprouvés non « élus » qui restent les serfs de la terre. Lorsque les serfs assemblés en une majorité compacte croit avoir la volonté et détenir le pouvoir, le conflit est ouvert entre deux perspectives diamétralement que rien ne peut concilier ni aucune médiation dépasser. C'est d'une certaine la voix de Brand en 1866 qui continue à parler : l'esprit de compromis est l'esprit de l'antéchrist (« *de Satan* ») qui s'insinue dans la pensée sous couvert de la médiation qui égalise (*ausgleicht*, Hegel) les contradictions et dont Kierkegaard avait dit tout le bien qu'il en pensait en lui opposant la catégorie nouvelle de la répétition (*Gjentagelse*). De la figure du prédicateur seul face à son Dieu à celle de l'ingénieur et du réformateur politique, il y a toujours le fil conducteur de l'individualité forte seule contre tous, distinguée par son élection (Brand) ou son auto-élection (Borkman) mais qui continue à porter l'empreinte du christianisme « fort » jusque dans la proclamation de l'antichristianisme ; il le fait en coupant l'humanité en deux parties irréconciliables qui vont jusqu'à mener une guerre sans trêve sur tous les fronts : culturel, social, psychologique et politique. La formule du « *radicalisme aristocratique* » introduite par Brand avec l'aval de Nietzsche ne pouvait en ce sens mieux convenir, même s'il a été loin d'en épuiser toute la signification notamment dans son rapport à la question du christianisme. L'antichristianisme peut fort bien être inspiré comme on l'a vu par la nostalgie d'un christianisme plus intransigeant comme le laisse entendre Nietzsche à propos de la figure de Pascal. L'ennemi par excellence, c'est le christianisme affaibli et platement moralisé qui se coule dans le lit d'un humanisme lénifiant où tous les hommes sont frères dans le Christ : le symptôme de « *la surchristianisation du christianisme* » qui ne parle plus à l'homme que d'un homme devenu son propre Dieu. Face à cette grandiose conciliation, il faut opposer le souhait de voir l'humanité se briser radicalement en deux comme le disait Nietzsche dans l'une de ses lettres. La résistance spirituelle contre l'esprit sans esprit des temps modernes a commencé et il en va de la survie des esprits libres (*freie Geister*) dans une culture écrasée par sa propre médiocrité triomphante.

Être Radicalement non contemporain.

Nourrie de la correspondance suivie avec Nietzsche durant l'année 1888, les conférences prononcées par Brandes à Copenhague ont fait date en Scandinavie avec l'essai publié peu après par Ola Hansson en Suède. Cet essai est le premier à effectuer la recension d'une philosphie dont les ouvrages restaient confinés à un tirage confidentiel. En Scandinavie même, Strindberg est l'un des rares à l'avoir lu dès 1885 avant d'entamer une correspondance orageuse ponctuée par un « divorce ». Pourtant, au delà de son intérêt historique, l'essai de Brandes paraît bien mesuré en regard des interprétations et des réactions qu'il a suscité en l'espace d'une décennie. Celle d'un Max Nordau est un appel au meurtre à peine déguisé, mais également celle de Harald Høffding, en tant que philosophe, signale la montée au créneau d'un philosophie universitaire qui se sent ébranlée dans ses fondations au point d'en appeler à une réaction démocratique « radicale » : il s'agit en effet d'opposer frontalement « *le radicalisme démocratique* » au « *radicalisme aristocratique* ». Certes au delà de cet affrontement, il y a un concept qui reste commun : celui de radicalisme avec son enracinement éthique et religieux dans un univers marqué par l'esprit du protestantisme radical et par le piétisme. Il est possible que l'histoire, le tribunal du monde de Schiller et de Hegel, ait donné raison à Høffding qui protestait au nom d'une certaine idée de l'humanité ; l'évolution même des pays nordiques ne s'est pas faite dans le sens du radicalisme aristocratique des esprits libres mais plutôt de l'esprit du compromis éthique et politique qui va s'imposer durablement au XXème siècle[50]. Ce fut cependant l'un des lignes de force du siècle précédent, que ce soit au plan éthique, religieux ou politique : l'individu ne doit pas être écrasé par les pouvoirs, quelle que soit leur obédience et il incarne à lui seul la vertu du pouvoir de résistance à toute oppression. C'est la signification de la révolte passionnée de Kierkegaard contre l'institutionnalisation d'un certain christianisme historique, c'est aussi celle de la révolte d'Ibsen contre les pouvoirs politiques. Il n'y a pas de « bon » pouvoir et la démocratie (l'une des formes de « *la tyrannie de la majorité* ») n'est pas moins oppressante que la pesante tutelle monarchique. L'ennemi, c'est l'État dont le nom signifie la négation de la liberté et la nation qui subordonne le moi au pouvoir imaginaire d'un sujet collectif. Il existe de fait une réelle parenté entre ces esprits résolument « libres » ; de Nietzsche qui mourut apatride après avoir vécu entre la Suisse, la France et l'Italie, à Ibsen qui vécut longtemps hors de Norvège (« *un pays libre peuplé de gens sans liberté* »), et à Strindberg en conflit permanent avec sa Suède natale, une forme de nomadisme s'est installé. Le nationalisme pouvait bien enfiévrer les esprits, mais de telles individualités se tiennent volontairement en marge. Les diatribes de Nietzsche contre la médiocrité de l'esprit allemand, le germanisme et l'antisémitisme font de loin en loin écho à celles de Kierkegaard contre la médiocrité dans le Danemark de la première moitié du siècle. Il existe chez toutes ces individualités créatrices l'idée que la liberté de l'esprit sans laquelle aucune culture véritable ne peut naître, est devenue incompatible avec la conditions sociopolitiques de l'époque et qu'il s'agit d'être résolument d'être le non-contemporain

50- Un auteur comme Aksel Sandemose ne cessera de critiquer ce renoncement avec l'énoncé de la *Jantelove* (*Loi de Jante*) au Danemark devenue synonyme d'une véritable charte de la médiocrité bien-pensante écransant toute forme d'individualité libre et créatrice.

de l'époque actuelle, dût-on n'être pas entendu ou seulement de quelques uns : radicalement « *unzeitgemässig* ». L'esprit libre, qu'il soit un penseur, un écrivain ou un auteur religieux, un artiste ou un dramaturge, ne peut surgir que comme un élément hétérogène dans un ensemble qui ne le comporte plus et qui travaille à son éradiction systématique, que ce soit par la violence ou par l'éducation progressive. On le voit, il y a plus qu'une affinité de surface entre tous ces esprits, mais quelque chose de la *Sternenfreundschaft* (« *l'amitié stellaire* ») dont parlait lui-même Nietzsche. La comète Strindberg traversa son ciel de manière fulgurante avant de disparaître à l'horizon et la lumière de l'étoile Kierkegaard n'eut guère le temps de lui parvenir avant qu'il ne sombre dans la folie. Ibsen lui est resté voilé par un voile d'incompréhension alors qu'il pu être un lien vivant entre la pensée de Kierkegaard qu'il connaissait bien et celle de Nietzsche dont il prit connaissance plus tardivement après avoir mis en scène des figures d'individus en conflit avec le temps et l'esprit du temps.

C'est sur cette parenté que nous avons voulu insister dans cette présentation des conférences. Les premières lumières qu'a jeté Brandes à Copenhague s'est propagé à la vitesse d'un incendie dans la maison scandinave. D'un certain esprit polémique est né le tragique moderne comme l'appelle Strindberg qui n'est pas seulement un genre théâtral mais un mode d'existence rebelle, toujours parti en guerre contre le conformisme et la médiocrité, au risque de la dissolution de sa propre individualité au fil des crises psychologiques et des illuminations mystiques qui se succèdent. Face à cette solitude remplie de tensions et prête à exploser, celle que revendique Ibsen est plus réfléchie et ressemble davantage à une stratégie de lutte à distance. Son individualité forte n'en a pas moins à mobiliser une énergie titanesque pour marcher contre cet esprit sans esprit du temps où il n'y a plus que des ombres d'homme unis par une commune lâcheté.

Il y a un passage d'une lettre qu'il écrivit en 1882 à Georg Brandes qui semble, sept ans avant ces conférences, en anticiper l'esprit. « *pour moi la liberté est la première condition de vie. Mes compatriotes se soucie assez peu de liberté ; ils convoitent des libertés, en quantité plus ou moins grande selon la puissance de leur parti ... les louables efforts tentés pour faire de nous une nation démocratique nous ont mis en bonne voie d'être une nation de plébéiens. Une tournure d'esprit aristocratique semble se perdre chez nous* » (3 janvier 1882). La grande liberté ne se monnaye pas en série de petites libertés que l'on possède comme de petits avoirs chèrement négociés : elle est un style et une forme d'esprit que nous avons perdu, voire un esprit que nous avons vendu. Seul un certain radicalisme aristocratique pourrait devenir véritablement « démocratique » pour reprendre les termes d'une expression (« *le radicalisme démocratique* ») que le philosophe Harald Høffding voulait opposer au « *radicalisme aristocratique* ».

II

CONFÉRENCES DE 1889

Essai sur le radicalisme aristocratique
Frédéric Nietzsche
Conférences de Copenhague 1889

Frédéric Nietzsche, un essai sur le radicalisme aristocratique (*F.Nietzsche, En Afhandling om den aristokratiske radikalism, 1889*) in : Georg Brandes Samlede Skrifter VII, Gyldendalske Boghandels Forlag, Hegels og Søn, Copenhague, 1901.

- 1 -

Nietzsche me paraît être le phénomène le plus intéressant dans la littérature allemande contemporaine. Bien qu'il soit très peu connu dans son propre pays, il se caractérise comme un esprit d'un rang significatif méritant pleinement d'être étudié, discuté, approprié, voire combattu. Il possède, entre autres excellentes qualités, le talent de communiquer un état d'esprit (*Stemning*) ainsi que celui de mettre les pensées en mouvement.

Pendant huit ans, Nietzsche a écrit une longue série de livres et de cahiers. La plus grande partie de ces volumes consiste en aphorismes dont les plus récents tournent autour de la question des jugements moraux. Sa signification croissante réside sur ce terrain. Cela ne l'a pas empêché, au demeurant, de traiter les questions les plus diverses et d'écrire sur la culture et l'histoire, sur l'art et les femmes, la vie sociale et individuelle, l'État et la société, la lutte pour la vie[1] et la mort.

Il naquît le 15 octobre 1844, étudia la philologie et fut nommé en 1869 professeur de philologie à Bâle. Il fit la connaissance de Richard Wagner pour s'attacher passionnément à lui et il se lia également à l'historien de la Renaissance Jakob Burckhardt. Il lui témoigne encore égard et admiration. Son attitude à l'égard de Wagner a subi en revanche au fil des ans une transformation complète. Après avoir été le héraut de Wagner, il est devenu son adversaire le plus acharné. Nietzsche a toujours été musicien de cœur et d'âme; il s'est même essayé à la composition dans son *Hymne à la vie* (avec choeurs et orchestre, 1888) et la vie commune avec Wagner a laissé une trace profonde dans ses derniers écrits. Cependant l'opéra *Parsifal* avec sa tendance catholicisante et sa nostalgie de l'idéal ascétique, qui laissaient auparavant Wagner de marbre, conduisit Nietzsche à voir dans le grand compositeur un danger et un ennemi et, en fin

1- *Livskamp*, all. *Lebenskampf.*

de compte, le symptôme d'une maladie. Tout se passe comme si cette dernière œuvre éclairait d'une nouvelle lumière toutes celles qui la précédait.

Durant son séjour en Suisse, Nietzsche fit la connaissance d'un grand nombre de personnalités remarquables. Un mal de tête persistant et extrêmement douloureux lui dérobait deux cent jours par an et le martyrisait continuellement, menaçant de l'amener au bord de la tombe. En 1879, il abandonna son professorat. Entre 1882 et 1888 son état de santé évolua, quoique fort lentement. Ses yeux étaient si faibles qu'il se crut atteint de cécité. Il était contraint à la plus grande prudence dans son mode de vie et il choisissait les endroits où il séjournait en fonction des conditions climatiques et météorologiques. Il passait le plus souvent l'hiver à Nice et l'été à Sils-Maria dans la Haute-Engadine suisse. Les années 1887-88 furent extrêmement riches en ce qui concerne sa productivité comme en témoignent les travaux les plus stimulants d'un style radicalement différent et la préparation d'un ensemble de nouvelles œuvres. C'est sans doute aussi en raison de ce surmenage intense qu'il subit une violente attaque de la maladie dont il n'est toujours pas remis.

En tant que penseur, Nietzsche est parti de Schopenhauer. Il se présente même dans ses premiers écrits comme son disciple. Après plusieurs années de silence au cours desquelles il traversa sa première crise spirituelle, il réapparu libéré de ce rapport de maître à disciple. Il passa alors par une période de développement féconde et intense, moins cependant dans la vie pensée en elle-même, que dans la manière d'exprimer ses pensées : chaque nouvel écrit définit en effet un nouveau stade jusqu'à leur unification dans une seule et même question fondamentale, la question des valeurs morales. Dès ses débuts en tant que penseur, Nietzsche avait dépassé la réfutation de Strauss de toute détermination morale d'un être de l'univers et redonné à la morale sa place dans le monde des phénomènes, tantôt comme apparence ou concept erroné, tantôt comme système ou comme art. Son activité littéraire a atteint aujourd'hui son point culminant avec la recherche sur l'origine des sentiments moraux puisque telle était son ambition et son vœu le plus cher : produire une critique achevée des valeurs morales et une analyse de la valeur de ces valeurs. Le premier livre de l'œuvre *Umwerthung aller Werthe*[2] était achevé lorsqu'il tomba malade.

- 2 -

On parla beaucoup de Nietzsche pour la première fois, même si ce fut de manière peu enthousiaste, à l'occasion d'un écrit polémique de jeunesse contre Strauss lors de la parution de son livre *La vieille et la nouvelle foi* (*Die alte und die neue Glaube*). Il y était moins question de la première partie polémique d'un texte où une attaque sans pitié se faisait valoir dans son accent même que dans sa deuxième partie, plus constructive. Encore la polémique visait-elle moins le dernier effort intellectuel en date du grand critique que la dictature de la médiocrité allemande[3] pour laquelle le dernier mot était celui de la culture en général.

Cela se passait un an et demi après la fin de la guerre franco-allemande. Jamais la vague de l'estime de soi allemande n'était montée aussi haut. La jubilation de la victoire tournait à l'auto-adoration frénétique. La conception générale qui prévalait était que la culture allemande avait vaincu la française. C'est alors que s'éleva une voix qui disait : supposez que deux cultures se soient combattues, il n'y a nulle raison de couronner la culture dominante. On devrait savoir au préalable quelle valeur possédait le vaincu et quand bien même elle aurait été moindre - et si tel est ce que l'on dit des français

2- En allemand dans le texte : « *Le Renversement de toutes les valeurs* »

3- *Middelmaadigshedsvaelde.*

- l'honneur n'était pas si grand. Dans ce cas, il ne peut plus être question d'une victoire pour la culture allemande, d'une part parce que la culture française subsiste encore et d'autre part, parce que les allemands sont, aujourd'hui comme avant, dépendants d'elle. Les éléments qui contribuèrent à la victoire de l'Allemagne - la discipline militaire, la bravoure naturelle, la ténacité, la supériorité des chefs militaires et l'obéissance des princes - étaient autant d'éléments qui n'avaient rien à faire avec la culture. Plus radicalement encore : la culture allemande n'a pas vaincu pour la bonne raison que l'Allemagne ne possède pas encore quelque chose qui puisse s'appeler Culture.

Il y avait alors à peine un an, Nietzsche avait attaché les plus grands espoirs à l'avenir de l'Allemagne après la libération prochaine du joug de la civilisation romane tel qu'on pouvait l'augurer à l'écoute de l'heureux présage de la musique allemande. Le déclin spirituel qui lui paraissait - en toute justice - prendre son origine dans l'établissement de l'empire, le portait maintenant à contrer le sentiment national dominant avec une sévérité sans pareille.

Il affirme que la culture se manifeste en tout premier lieu dans l'unité artistique du style à travers toutes les manifestations de la vie d'un peuple. Le fait même de savoir et d'avoir beaucoup appris n'est pas nécessairement un moyen de la culture ni même son signe. Il ressemble à s'y méprendre à la barbarie, c'est-à-dire à l'absence de style ou au mélange bariolé de tous les styles. L'affirmation la plus simple de Nietzsche à partir de là est qu'avec une telle culture bariolée, on ne peut dominer le moindre ennemi et encore moins un ennemi comme les français qui ont depuis longtemps une culture réelle et féconde, quand bien même on accorderait qu'elle est de plus ou moins grande valeur. Nietzsche se réclame d'un mot de Goethe à Eckermann : « *nous autres allemands, sommes d'hier. Nous nous sommes bien cultivés tout à fait consciencieusement dans le siècle dernier, mais il se passera encore quelques siècles avant qu'un tant soit peu d'esprit et de culture supérieure pénètrent chez nos compatriotes et que l'on dise d'eux qu'ils furent des barbares il y a longtemps* ».

On le voit, les concepts de culture et de culture unifiée se recouvrent pour Nietzsche. Pour être unifiée dans son style, une culture doit avoir une certaine durée et avoir été vigoureuse dans sa particularité au point d'en pénétrer toutes les formes de vie. La culture unifiée dans sa forme n'est pas identique pas à une culture enracinée de longue date. La vieille Islande avait une culture homogène bien que son épanouissement ait été porté par une efflorescence européenne. L'Italie avait une culture homogène pendant la renaissance, l'Angleterre au XVIème siècle, la France au XVIIème et XVIIIème siècles, même si l'Italie a édifié sa culture sur la grecque et la romaine, que la France s'est appuyée sur l'antiquité et des éléments celtiques et espagnols et qu'entre tous les peuples, les anglais sont un peuple mixte. Il est maintenant tout à fait certain que cela fait à peine un siècle et demi que les allemands ont entamé leur libération de la culture française et à peine plus d'une centaine d'années qu'ils s'émancipèrent de l'école des français dont l'influence se fait malgré tout sentir jusqu'à aujourd'hui. Personne ne pourrait cependant nier avec raison l'existence d'une culture allemande même si elle est relativement jeune et en devenir. Aucun de ceux qui ont l'entente de l'accord entre la musique et la philosophie allemandes ne le souhaite. Pas plus que ceux qui ont l'oreille pour l'harmonie de la musique et de la poésie lyrique et l'œil pour les qualités et les défauts des arts plastiques en Allemagne qui expriment la même tendance fondamentale que celles se manifestant dans la vie affective et intellectuelle allemandes. D'autant plus problématique est le rapport concernant les formes mineures où la dépendance de l'étranger a rarement été une dépendance à la seconde puissance.

Ce point est cependant pour Nietzsche d'une relativement moindre importance. Il est convaincu que l'heure de la culture nationale va bientôt sonner et que le temps ne peut être bien loin où il ne sera plus en général question que d'une culture européenne ou américano-européenne sous l'égide d'une seule. Il part ainsi du fait que les hommes développés de tous les pays se sentent désormais tous comme européens, compatriotes ou confédérés et que d'autre part, le prochain siècle doit apporter la guerre pour la suprématie de la terre. Maintenant, si le résultat de cette guerre est le vent tempétueux qui souffle sur toutes les vanités nationales, de quoi retourne t-il en fin de compte ?

Il ne s'agit de rien moins - comme le pense Nietzsche en accord sur ce point avec les français les plus en vue actuellement - que de réussir à discipliner ou à ériger une sorte de caste des esprits supérieurs qui peuvent s'emparer du pouvoir central. Le malheur fondamental ne tient pas tant à ce qu'un pays ne possède pas encore une culture authentique, unifiée et achevée. Il réside plutôt dans le fait que l'on se tient pour cultivé. Le regard fixé sur l'Allemagne, Nietzsche se demande comment il est possible qu'existe une contradiction aussi monstrueuse entre le manque d'une vraie culture et la croyance auto-satisfaite en la possession de la seule et unique véritable. Il trouve la réponse dans le fait qu'une classe d'hommes est parvenu au pouvoir qu'aucun siècle précédant n'a connu et qu'il baptisa (en 1873) du nom de *Philistins de la culture*.

Le Philistin de la culture considère sa culture impersonnelle comme la culture à proprement parler. S'il a entendu dire que la culture présuppose un caractère spirituel homogène, cela le renforce dans sa conviction et la bonne opinion de lui-même puisqu'il trouve partout des individus cultivés de son espèce et que tant les écoles, les établissements supérieurs et les académies d'art sont constitués en fonction de ses intérêts et cela, en fonction du modèle de culture correspondant. Dans la mesure où il voit et rencontre pour ainsi dire partout la même pâte molle concernant la religion, la morale et la littérature ou encore dans tout ce qui touche au mariage, à la famille, à la société et à l'État, il lui semble évident que cette imposante unité est la culture. Il ne lui vient pas à l'idée que cette philistinerie bien ordonnée et cohérente qui est partout, qui se tient derrière toute politique et qui postée derrière chaque chaire, n'est en aucune manière devenue de la culture du seul fait de l'exercice concordant de tous les organes de la culture. Ce n'est même pas, pense Nietzsche, de la mauvaise culture. Ce n'est plutôt qu'une barbarie solidement enracinée uniquement dépourvue de la spontanéité originelle de la barbarie et de la force brute. Nietzsche ne manque pas d'expressions pittoresques pour décrire cette philistinerie de la culture comme le marais où toute fatigue devient étouffante et dont les vapeurs pestilentielles entravent tout effort.

Nous naissons tous dans une telle société de philistins et nous y grandissons. Elle s'impose à nous avec ses opinions que nous acceptons inconsciemment et même lorsqu'elles sont partagées, elles se répartissent en groupes ou partis d'opinion - l'opinion publique. Un aphorisme de Nietzsche dit : *qu'est-ce que l'opinion publique ? Ce sont nos paresses privées* - La phrase n'est cependant pas vraie dans l'absolu. Il existe certains cas où l'opinion publique possède une certaine valeur. John Morley a écrit un livre à ce sujet. Au delà de certains clivages graves entre la loi et le savoir et certaines limitations grossières des droits de l'homme, l'opinion publique peut être érigée dans certains cas en puissance qu'il vaut mieux suivre. Dans tous les autres cas, elle est en général un artefact, produit et élaboré à la solde de la culture philistine.

Lorsqu'elle fait son entrée dans la vie, la jeunesse effectue la rencontre de ces groupes d'opinions plus ou moins nombreux. Plus l'individu est enclin à devenir un homme véritable, plus il oppose de résistance à suivre le troupeau quand bien même une voix intérieure lui dirait : deviens toi-même ! Sois toi-même ! - il entend cet appel avec mécontentement : a t-il un soi ? Il ne le sait pas encore. Il regarde alors autour de lui et cherche un professeur, un éducateur. Il cherche quelqu'un qui ne va pas lui apprendre quelque chose d'étranger, mais lui apprendre à devenir lui-même en tant que cet individu là.

Nous avons eu comme l'on sait au Danemark un grand homme qui, avec une force pénétrante, attira l'attention sur ses contemporains afin qu'ils deviennent des individus. Mais l'exigence que formulait Kierkegaard n'était pas aussi absolue qu'elle le paraissait à la pensée. Car la fin leur était donnée. Ils devaient devenir des individus non pas pour se développer comme personnalités libres, mais pour se mettre en chemin et devenir de vrais chrétiens. Ce n'est donc qu'en apparence qu'ils sont posés comme libres. Au dessus d'eux planait un *Tu dois croire* et un *Tu dois obéir*. Ils avaient eux-mêmes en tant qu'individus un nœud autour du cou comme un troupeau mené à la bride par l'individualité qu'ils attendaient à nouveau : un seul troupeau, un seul berger.

Ce n'est pas pour abandonner aussi rapidement sa personnalité que le jeune homme aujourd'hui s'efforce de devenir lui-même et se cherche un éducateur. Il ne veut pas avoir devant lui un dogme préconçu dans lequel il pourrait trouver bon port. Mais il sent avec inquiétude qu'il est rempli de croyances. Comment se trouver soi-même en soi-même, comment s'extraire soi-même de soi-même ? C'est la raison pour laquelle l'éducateur doit l'aider. Il ne peut en effet être qu'un libérateur.

C'est un tel éducateur qui libère que cherchait Nietzsche dans sa jeunesse et il le trouva chez Schopenhauer après avoir cherché dans sa personnalité l'influence qui pouvait agit de la manière la plus profondément libératrice sur lui pendant son temps de croissance. Nietzsche raconte qu'après avoir lu une seule page de Schopenhauer, il savait par avance qu'il lirait toute page venant de lui et qu'il ferait attention à chaque mot, jusqu'aux erreurs qu'il y trouverait. Car c'est à l'effort spirituel dans la manière de lire un auteur que l'on reconnaît un homme.

Mais il reste encore à faire face à un tel éducateur - comme à Nietzsche lui-même - un pas en arrière, celui qui consiste à se libérer du libérateur. Nous trouvons dans les derniers écrits certaines expressions électives à la manière de Schopenhauer qui n'apparaissent plus après. La libération est maintenant un développement serein vers l'autonomie dans laquelle il conserve la plus profonde reconnaissance. Cette relation n'a pas subit, comme en ce qui concerne Wagner, un retournement violent qui le poussa à dénier toute valeur à ses œuvres alors même qu'elles lui paraissaient auparavant atteindre le sommet de la création.

Il loue en Schopenhauer la haute probité qui ne peut être comparée qu'à celle de Montaigne, sa clarté, sa constance, son rapport sans compromis à la société qui contraste si fortement en comparaison de Kant : jamais la moindre compromission, pas même le moindre soupçon.

Nietzsche s'arrête au fait que Schopenhauer ne vécut pas en Allemagne. Un anglais a affirmé plus récemment que Shelley n'aurait pas pu vivre en Angleterre et que cela aurait été impossible à un adepte de Shelley. Ce type d'esprit est prématurément broyé et les exemples innombrables dans la littérature de tous les pays témoignent de ce courage. À peine est-il besoin de briser des talents qui, tôt ou tard, demandent à être pardonnés et qui font des concessions à la philistinerie pour avoir le droit d'exister. Même chez les plus forts, le combat inutilement épuisant contre le philistinisme de la culture laisse des traces profondes. Nietzsche cite le mot d'un diplomate expérimenté qui avait eu une entrevue avec Goethe et s'était entretenu superficiellement avec lui : v*oilà un homme qui a eu de grands chagrins* - ainsi que la remarque de Goethe lorsqu'il la relata à ses amis : « *quand les traces des souffrances passées s'inscrivent de manière indélébile dans les traits du visage, il n'est pas étonnant que tout ce qui devient de surcroît comme fruit de notre effort porte la même marque* » - et cela de Goethe que l'on dit l'enfant chéri du bonheur.

Schopenhauer était comme l'on sait un homme très seul dans les dernières années de sa vie. Personne ne le comprenait, personne ne le lisait. La plus grande partie de la première édition de son œuvre *Le monde comme volonté et comme représentation* dut se vendre à perte.

De nos jours, c'est la conception de Taine qui prévaut selon laquelle le grand homme est intégralement déterminé par l'époque dont il est l'enfant, qu'il la résume inconsciemment et qu'il doit en donner une expression consciente[4]. Mais bien que le grand homme ne se tienne pas naturellement en dehors du cours de l'histoire et qu'il doit toujours bâtir sur les traces de ses prédécesseurs, une idée naît cependant toujours dans un ou plusieurs individus et ces individualités ne sont pas des points dispersés dans une multiplicité inférieure mais des individualités douées au plus haut point qui tirent la masse à elles au lieu d'être entraînée vers le bas. Nietzsche qui a toujours été empli de la conviction - certes sous l'influence originellement de Schopenhauer - que le grand homme n'est pas l'enfant de son temps mais son orphelin, exige maintenant de l'éducateur qu'il élève les jeunes contre le temps.

Il lui semble que l'époque la plus récente a présenté successivement trois figures (types) d'homme qui se ressemblent. En premier lieu, l'homme de Rousseau, le Titan,

4- Note de Georg Brandes : « L'auteur de ces lignes ne s'est pas fait l'avocat de cette conception comme on a pu le dire publiquement entre temps, il l'a au contraire combattue. Après une période d'incertitude, je m'y suis opposé dès 1870 dans « L'esthétique française contemporaine » (p. 105-106), ainsi que dans beaucoup d'autres endroits »

qui s'insurge, opprimé et lié par les castes supérieures et qui en appelle dans sa détresse à la nature sacrée. Ainsi l'homme de Goethe. Non pas Werther et les figures analogues de révoltés qui descendent de Rousseau, non pas la figure originelle de Faust telle qu'elle se développe progressivement. Il n'est pas un libérateur du monde mais un contemplateur du monde[5]. Nietzsche rappelle le mot de Jarno à Wilhelm Meister : « *vous êtes irrité et amer, c'est assez bien comme cela. Si vous pouviez seulement un fois être vraiment en colère, ce serait encore mieux* ». Être irrité pour devenir meilleur, c'est ce à quoi veut exhorter la conception que se fait un Nietzsche âgé de trente ans de l'homme schopenhaurien. Cet homme prend librement la souffrance sur soi pour dire la vérité. Sa pensée fondamentale est la suivante : une vie heureuse est impossible; le plus haut qu'un homme puisse atteindre est une vie de courage dans laquelle on combat dans les plus grandes difficultés pour quelque chose qui, d'une manière ou d'une autre, est profitable à tous. Seules les vraies individualités nous élève à ce qui est véritablement humain, celles qui sont devenus ce qu'elles sont à la faveur d'un saut dans la nature, les penseurs et éducateurs, les artistes et les créateurs ainsi que ceux qui agissent plus en vertu de leur essence que de leur action : les nobles, ceux en lesquels agit le génie du bien et qui expriment le grand style.

Ces hommes sont la fin de l'histoire. Nietzsche exprime cette conviction : « *l'humanité doit continuellement travailler à produire de grandes individualités isolées, cela et rien d'autre est sa tâche* ». C'est à la même conclusion que sont arrivés quelques uns des grands esprits aristocratiques du temps. Renan s'exprime d'une manière analogue : « *en somme, le but de l'humanité est de produire de grands hommes... Rien que des*

5- *Han er ingen Verdensbefrier men en Verdensbeskuer.*

grands hommes... le salut viendra des grands homme »[6]. Et l'on voit à la lecture des lettres que Flaubert adresse à George Sand à quel point il en était convaincu. Il dit par exemple : « *la seule chose raisonnable, c'est un gouvernement de mandarins, pourvu que les mandarins sachent quelque chose. Le peuple est un éternel mineur et il sera toujours dans la hiérarchie des éléments sociaux au dernier rang, puis qu'il est le nombre, masse, l'illimité. Peu importe que beaucoup de paysans sachent lire et n'écoutent plus leur curé, mais il importe infiniment que beaucoup d'hommes comme Renan ou Littré puissent vivre et soient écoutés ; notre salut n'est maintenant que dans une aristocratie légitime, j'entends par là une majorité qui se composera d'autres choses que de chiffres* »[7]. Tant Renan que Flaubert auraient souscrit à la conception fondamentale de Nietzsche qu'un peuple signifie le détour que prend la nature pour produire une poignée de grands hommes.

Bien que cette idée fondamentale ne manque pas de défenseurs, il ne doit pas être dit par là qu'elle est dominante dans la philosophie européenne. Eduard von Hartmann pense de manière très différente par exemple en Allemagne la question de la fin de l'histoire. Les pensées qu'il a publiées à ce sujet sont connues. Il exprima un jour à l'occasion d'une conversation comment cette idée s'était formée dans son esprit. « *Très tôt, expliqua t-il, j'eus la conviction claire que l'histoire ou, pour employer un plus grand mot, le développement du monde, devait avoir un but et que ce but ne pouvait être que négatif. Un âge d'or est vraiment une fantaisie trop bête* ». Les individualités les plus douées succombent au déclin du monde. De là provient la doctrine que l'humanité semble être

6- Nietzsche, *Considérations inactuelles III*, p. 60. E. Renan : *Dialogues et fragments philosophiques*, p. 103 (notes de Brandes)

7- G. Flaubert, lettre à George Sand du 30 avril 1871 (id)

entrée dans un âge de la vie qui se tient au delà du stade de développement où les génies étaient nécessaires.

Nietzsche se tient au dessus de tous ces discours sur le cours du monde dont la fin serait la délivrance ou l'anéantissement, y compris la délivrance de l'existence de la divinité souffrante, avec la plus simple conviction que le but de l'humanité ne se poursuit pas dans l'infini mais qu'il se trouve dans ses productions les plus élevées. Et c'est là qu'il parvient finalement à la plus haute signification de la question : qu'est-ce que la culture ? C'est de cette définition que dépend la pensée fondamentale de la culture et des devoirs qui incombent. Elle m'impose le devoir de me déterminer de manière autonome par rapport aux grands idéaux de l'humanité. Cette idée fondamentale est la suivante : elle accorde à chaque individu qui veut travailler pour elle et y participer la tâche suivante : travailler à la production, en soi et hors de soi, de penseurs et d'artistes, d'amoureux de la vérité et d'adorateurs de la beauté, de la personnalité bonne et par là même de travailler à l'achèvement de la nature.

Quand domine l'état de culture ? Lorsque les hommes dans une société travaillent constamment à produire de grandes individualités humaines. De cette fin supérieure découlent toutes les autres. Et quel est l'état le plus éloigné de l'état de culture ? Celui dans lequel les hommes réunissent avec ardeur leurs forces pour rendre difficile l'apparition de tels hommes d'une part en empêchant en partie la culture de la terre qui est exigée pour que le génie puisse apparaître et d'autre part en combattant toute émergence de la génialité parmi eux. Un tel état est plus éloigné encore de la culture que la barbarie originelle.

Mais on pourra demander ici ou là si un tel état a existé ? La plupart dans les couches populaires inférieures pourront trouver la réponse dans l'histoire de leur patrie. On veut voir là monter et se répandre tout ce qui porte le nom de culture dans laquelle le génie ne peut pas se plaire. Et cela est d'autant plus douteux que la plupart croient dans les temps modernes où les races se sont partagées entre elles le pouvoir de la terre, un État de quelques millions est rarement assez peuplé pour produire des esprits de tout premier rang. Tout se passe comme si les génies n'étaient distillés qu'à partir d'un certain nombre de millions de personnes. Mais ce n'est qu'une raison supplémentaire pour que les petites sociétés travaillent avec acharnement à la culture.

On s'est familiarisé ces derniers temps avec l'idée que la fin pour laquelle il importe de travailler est le bonheur de tous ou de la plupart. Il est plus rare que l'on réfléchisse en quoi consiste le bonheur et cependant il n'est guère possible d'éviter de se demander si une année, un jour ou une heure n'est pas plus heureuse qu'une vie passée auprès du poêle. Mais on s'est finalement tellement habitué à la représentation d'un pays livré à la masse qu'il semble tout à fait déraisonnable que des hommes puissent exister à cause d'autres individualités singulières et qu'ils puissent avoir comme devoir de consacrer leur vie à faire avancer la culture. Mais au regard de la question de la culture ainsi que de la manière dont la vie humaine individuelle peut recevoir valeur et signification, la réponse est toujours la même : elle tient à ce que l'on vit pour le bénéfice des exemplaires les plus rares et les plus précieux de l'espèce humaine. Par conséquent, l'individualité (*Enkelte*) fera aussi toujours en sorte que la vie de la plupart gagne en valeur.

De nos jours, l'état de culture présumé signifie une organisation en vertu de laquelle ceux qui sont formés marchent en rang serrés et excluent tous les solitaires et contestataires dont les efforts tendent à une fin plus élevée. Il manque même aux savants en règle générale le sens pour le génie en devenir et tout sentiment pour la valeur du génie. C'est la raison pour laquelle, malgré le progrès inlassable et incontestable dans tous les domaines des techniques et des sciences spécialisées, les conditions pour l'apparition de la grande individualité se sont si peu améliorées que la mauvaise volonté à l'encontre du génie a plutôt augmentée que diminuée.

L'individu a peu à attendre de l'État. Il ne le favorise que rarement en le prenant à son service. Il ne le récompense en toute certitude qu'en restreignant son indépendance. Seule une culture effective pourrait contrer cet épuisement précoce et cette exténuation de l'individualité pour la préserver en vue du combat décisif contre la culture philistine.

La valeur de Nietzsche tient à ce qu'il est le porteur d'une telle culture : un esprit qui, en toute indépendance, communique l'indépendance et qui veut être pour les autres la force libératrice que Schopenhauer avait été pour lui dans sa jeunesse.

- 3 -

Quatre des écrits de jeunesse de Nietzsche portent le titre de *Considérations inactuelles*, un titre qui est significatif de son projet précocement conçu d'aller contre son temps.

L'éducation est l'un des domaines dans lequel il s'est le plus opposé à l'esprit du temps à la faveur notamment de la manière courageuse dont il a jugé l'ensemble de la culture historique en Allemagne et ce que l'on considère en général comme souhaitable. Sa conception fondamentale à ce sujet est la suivante : ce qui empêche l'espèce de respirer librement et de vouloir avec audace tient à ce long passé qu'elle traîne derrière elle comme un boulet. Il pense que c'est le procès historique qui empêche l'espèce à la fois de jouir du présent et d'agir parce qu'elle ne peut se concentrer sur elle-même et vivre pleinement l'instant de sorte qu'elle ne peut pas plus ressentir le bonheur qu'entreprendre quelque chose qui rende les autres heureux. Et cependant, l'oubli est inhérent à l'action ou plus justement, le non-savoir du passé comme de ce qui a précédé dans le temps. L'oubli, le non-historique, est comme l'air revivifiant et l'atmosphère dans laquelle la vie peut seulement se produire. On pensera, pour le comprendre, à un jeune homme pris d'une passion ardente pour une femme ou à un homme animé par la passion d'une tâche à accomplir. Ce qui existe à l'arrière plan n'existe tout simplement plus et cet état (le plus anhistorique que l'on puisse penser) est cependant celui dans lequel toute grande action est entreprise et accomplie. Telle est la pensée de Nietzsche à ce sujet : il existe un certain degré de savoir historique qui est destructeur pour la force d'agir de l'homme et nuisible aux capacités productives d'un peuple.

On perçoit à travers ce raisonnement l'éminent philologue allemand dont les observations concernent surtout les savants et les artistes allemands. Il serait en effet absurde de supposer que les paysans et les commerçants allemands, de même que l'armée et l'économie, puissent souffrir d'un excès de culture historique. Ceux dont l'instinct de production est inhibé ou étouffé par le savoir historique sont devenus si impuissants et improductifs que le monde ne s'enrichirait de leurs productions. Ce qui paralyse n'est pas tant la masse désorganisée de la connaissance historique morte (sur l'action gouvernementale, la stratégie politique, l'entreprise de la guerre, les styles artistiques, etc...) que la considération de certains grands esprits dans l'antiquité en comparaison desquels l'action de ce qu'un contemporain peut effectuer semble d'une signification si évanescente qu'il devient indifférent que son travail vienne au monde ou pas. Seul Goethe peut amener un jeune poète allemand à désespérer. Mais un adorateur de héros tel que Nietzsche ne peut conséquemment pas souhaiter une connaissance aussi mesquine de ce qui est grand.

Le manque de courage historique et de détermination spirituelle a certainement d'autres causes analogues mais il tient avant tout à la fragilité de l'individualité que l'ordre social moderne produit. Des hommes forts tolèrent une grande somme d'histoire sans devenir pour autant irrésolus dans la vie. Ce qui est cependant intéressant et déterminant dans la conception spirituelle de Nietzsche est la recherche du degré à partir duquel la vie peut utiliser l'histoire. L'histoire appartient dans sa conception à celui qui mène un grand combat et qui a besoin à cette fin de modèle, de maîtres et de conseillers qu'il ne peut trouver dans son époque. Sans l'histoire, le caractère dominant des moments décisifs des grands hommes qui court à travers les siècles ne pourrait jamais demeurer clair et vivant pour moi. Celui qui comprend que seul à peu près une centaine d'hommes produisit la culture de la Renaissance pourrait par exemple parvenir à la conviction qu'une centaine d'esprits productifs qui serait éduquée dans un style nouveau pourrait venir à bout de la culture philistine. L'histoire peut en revanche exercer une action dissolvante aux mains d'hommes improductifs. On envoie par exemple les jeunes artistes dans les galeries et les musées au lieu de les envoyer dans la nature, on les envoie dans un esprit encore plus vague dans des villages d'artistes où ils se découragent. Et c'est dans toutes ses manifestations que l'histoire peut rendre inapte à la vie : en tant que *monumentale* en développant l'illusion qu'il existe certaines configurations historiques déterminées de sorte que ce qui a été une fois possible doit pouvoir l'être à nouveau sous certaines conditions; en tant qu'*antiquaire* à travers la piété à l'égard de l'ancien et du passé qui paralyse toute action dans la mesure où elle doit toujours passer outre; comme *histoire critique* enfin, à travers le sentiment déprimant qui rend manifeste que c'est en nous mêmes que résident les illusions du passé au dessus desquelles nous cherchons à nous élever comme au dessus des héritages et impressions d'enfance dans notre sang de sorte que nous vivons dans unc scission intérieure permanente entre l'ancienne et la nouvelle nature.

Sur ce point, Nietzsche veut encore en dernière instance ramener la culture moderne à la vie. Que les concepts *cultivé* et *historiquement formé* soient devenus des concepts univoques est pour lui un symptôme affligeant. On a oublié sans plus guère le mettre en question que la culture devrait être ce qu'elle était pour les grecs : une raison d'agir, une faculté de décider. De nos jours, la culture est volontiers caractérisée comme une intériorité parce qu'elle est un fardeau intérieurement mort qui ne met pas en mouvement son possesseur. Les plus *cultivés* sont des dictionnaires de conversation. Quand ils agissent, c'est toujours en vertu de ce qui est généralement reconnu ou par simple impulsion.

À cette considération générale se rattache un regret qui devait particulièrement devenir manifeste dans l'Allemagne littéraire moderne. Le regret de savoir à quel point la grandeur des temps plus anciens agit sur la conviction des dernier-nés d'être des rejetons d'un temps glorieux et qui peut certes apprendre de l'histoire, mais jamais en produire.

La philosophie elle-même - comme le regrette Nietzsche avec un regard particulier du côté des universitaires allemands - en est toujours venu davantage à n'être plus qu'une philosophie de l'histoire et la communication de ce que tout le monde (*Alverden*) a pensé de tout (Alting), « *une sorte de passeur inoffensif entre des vieillards académiques et des orphelins académiques* ». On objecte qu'il existe la liberté de penser dans les différents pays comme s'il s'agissait d'une question d'honneur. En réalité, il ne s'agit que d'une pauvre liberté. On ose penser de cent façons. Mais l'on ne peut agir que d'une seule manière - et c'est cela que l'on appelle culture et n'est en réalité « *qu'une forme, même une mauvaise forme et un uniforme* ».

Nietzsche s'en prend à la conviction selon laquelle le représentant de la culture historique tient lieu devant la conscience de juge de ce qui est. On loue l'historien qui s'efforce de produire des conceptions pures dont rien ne résulte. Mais il existe beaucoup de vérités indifférentes et c'est un véritable malheur lorsque des bataillons entiers de cherchœurs se lancent à leurs trousses même si derrière ces têtes étroites se cachent des hommes honnêtes. On tient l'historien pour objectif lorsqu'il mesure le passé aux opinions dominantes de son temps, et en revanche pour subjectif lorsqu'il ne tient pas ces opinions pour des modèles. On le considère comme étant le plus à même de présenter un aspect temporel du passé à celui qui n'est tout simplement pas concerné. Mais seul celui qui construit sur l'avenir comprend ce qu'était le passé et ce n'est que métamorphosée en œuvre d'art que l'histoire peut conserver, voire réveiller l'instinct.

À la manière dont l'éducation historique est menée, on peut en conclure qu'elle transmet une telle quantité d'impressions que l'inertie paraît en être la seule conséquence, le sentiment d'être né vieux au sein d'une vieille espèce - et cela malgré le fait qu'à peine trente génération, chacune calculée à soixante dix ans, nous sépare des commencements mêmes de la chronologie. C'est à cela que se rattache la monstrueuse superstition de la valeur et de la signification de l'histoire. On répète à n'en plus finir la maxime de Schiller : l'histoire du monde est le tribunal du monde, comme s'il pouvait exister une quelconque autre chaire de tribunal que la pensée. Mais la conception hégélienne de l'histoire comme manifestation de plus en plus claire de la divinité s'est conservée en se durcissant au point de devenir la considération pure et simple de l'action accomplie et l'approbation du fait comme tel, fut-il brutal. La grandeur cependant n'a rien à voir avec le résultat et l'heureuse coïncidence. Demosthène, qui parla en vain, est plus grand que

Philippe qui toujours vainquit. Tout est considéré de nos jours comme un fait accompli qui est dans son ordre. Même quand un génie meurt dans sa pleine maturité, on trouve des raisons pour montrer qu'il mourût au bon moment, quand le temps était venu. La petite histoire que nous avons est appelée procès mondial[8]. On se casse la tête pour trouver son origine et son but final comme Edouard von Hartmann, ce qui est une une pure et simple perte de temps. Personne ne peut te dire à l'avance la raison pour laquelle tu existes, comme le pense Nietzsche à l'instar de Kierkegaard. Cependant, dès lors que tu existes, tâche de donner à ton existence un sens en posant un but aussi élevé et noble que possible.

Il est caractéristique de l'orientation aristocratique ultérieure aussi marquée de Nietzsche de se tourner avec colère contre la soumission de l'historiographie moderne envers les masses. Auparavant, pense t-il, on écrivait l'histoire du point de vue des dirigeants, quelque médiocres ou mauvais qu'ils aient pu être. Maintenant, on en est venu maintenant à écrire du point de vue des masses. Mais les masses ne doivent-elles mêmes être considérées uniquement comme les copies des grandes personnalités, de mauvaises copies, imprimées avec du matériel défectueux, ou bien encore comme obstacles données aux grands ou simplement comme leurs instruments ? Au demeurant, il y a là quelque chose à macérer pour les statistiques qui trouvent dans la convoitise des masses, leur paresse, leur famine ou leur sexualité de supposées lois historiques. On appelle grand ce qui, depuis longtemps, a mis une telle masse en mouvement et on lui donne le nom de puissance historique. Quand, par exemple, elles se sont appropriées ou simplement adaptées en fonction de leurs besoins à telle ou telle idée religieuse, l'ont défendue avec bravoure ou traînée à travers les siècles, on appelle celui qui en est à l'origine un grand homme. Les siècles en

8- *Verdenprocessen*

témoignent, dit-on. Mais, et c'est là l'idée de Nietzsche comme de Kierkegaard, le plus noble et le plus distingué n'agit pas sur les masses et cela, d'autant plus, à l'époque contemporaine. C'est la raison pour laquelle un héros historique de la religion et de sa longévité témoigne plutôt contre la grandeur de l'homme qui en est à l'origine qu'en sa faveur.

Lorsque l'on veut mentionner l'une des rares entreprises historiques qui ont pleinement réussies, on mentionne souvent la Réforme. Nietzsche ne formule pas à l'encontre de la signification de ce mouvement les critiques habituellement produites : sa légitimation prématurée par Luther, son accord avec les détenteurs du pouvoir, l'intérêt des princes de se libérer de la tutelle de l'église et de s'emparer de ses biens pour produire dans le même temps une spiritualité assujettie et dépendante au lieu d'une spiritualité libérée de la tutelle du pouvoir. Il voit la cause de la réussite de la Réforme chez les peuples du nord de l'Europe principalement dans leur manque de culture. À plusieurs reprises, les tentatives de fonder de nouvelles religions grecques dans l'Antiquité échouèrent. Bien que des hommes comme Pythagore, Platon et sans doute Empédocle avaient les qualités de fondateurs religieux, les individualités étaient par trop différentes pour pouvoir être d'une aide quelconque en unifiant la croyance et l'espérance. Le fait que la réforme de Luther triomphe dans le nord était au contraire le signe que la culture du nord était en retard comparée à celle du sud. Soit on se laisse mener à la bride comme un troupeau de moutons par un sauveur venu d'en haut soit, là où l'apparence était une affaire de conscience, il était évident que le peuple était peu individualisé et corrompu jusque dans sa détresse spirituelle. Par conséquent, le renversement de l'antiquité païenne ne fut à l'origine possible que par le croisement fécond du sang barbare et romain partout où il eut lieu. Sous l'impulsion des barbares et des esclaves, la nouvelle doctrine devint maîtresse du monde.

Le lecteur possède par conséquent des preuves des raisons fondamentales que donne Nietzsche à l'appui de la thèse selon laquelle l'histoire en tant qu'histoire ne fournit pas l'élément éducatif fort et sain de l'espèce comme on le croit : seul celui qui a appris à connaître la vie et qui est prêt à l'action a l'usage de l'histoire. Les autres l'opprime et la rende stérile tout en parvenant par ce moyen à se considérer dans tous les domaines où cette adoration de l'histoire est possible comme des héritiers.

L'insurrection de Nietzsche vaut surtout à l'encontre de toute conception plate de l'histoire mais il se détourne énergiquement du pessimisme sombre qui résulte ordinairement d'instincts dégénérés et affaiblis et du déclin. Il s'emporte avec toute la fougue de la jeunesse en faveur de l'accomplissement victorieux d'une culture tragique portée par une génération croissante dotée d'un esprit nouveau dans lequel l'antiquité grecque pourrait renaître. Il rejette le pessimisme de Schopenhauer car il a toujours détesté précocement tout renoncement : il recherche un pessimisme de la santé qui découle à proprement parler de la force, de la puissance surabondante telle qu'il croit les retrouver chez les grecs. Il avait lui-même développé cette conception dans l'un de ses écrits de jeunesse profond et érudit *L'origine de la tragédie ou l'esprit de la Grèce et le pessimisme* dans lequel il introduisait les termes *Apollinien* et *Dionysiaque*. Les deux divinités grecques de l'art Apollon et Dionysos signifient la contradiction entre l'art plastique et la musique. À la première correspond le rêve, à la seconde, l'ivresse. C'est dans le rêve que les figures des dieux se manifestèrent originellement à l'homme; le rêve est le monde de la belle apparence. Si nous jetons en revanche un regard au delà du cercle de la pensée et de l'imagination dans les tréfonds de l'humain, nous nous trouvons face à un monde d'extase et d'effroi, le royaume de Dionysos. En surface, règnent la beauté, la forme et la proportion. Mais au dessous, la démesure de la nature ondule librement à travers la douleur et la souffrance[9]. Considéré cependant à partir du développement ultérieur de Nietzsche, le motif profond de cette investigation polémique stimulante plonge ses racines dans l'antiquité grecque. Déjà dans cette perspective, il aperçoit en elle, ce qui vaut pour la doctrine des mœurs, un principe de restriction au delà de la nature auquel il cherche à opposer radicalement un principe qui soit le plus éloigné du christianisme, qu'il trouve dans un élément esthétique pur qu'il baptise *dionysiaque*.

Les traits fondamentaux des grecs apparaissent selon lui manifestement comme psychologiques. Car quelle est cette nature qui traque la philistinerie jusque chez David Strauss avec une telle haine viscérale ? Une nature d'artiste, visiblement. Qu'est-ce qu'un écrivain qui avertit en permanence avec une telle conviction des dangers de la culture historique ? Un philologue manifestement, qui en a fait l'expérience en soi et qui s'est senti trahi après avoir été conduit à vénérer le cours de l'histoire. Quel est cet être qui détermine avec tant de passion la culture comme adoration du génie ? Certainement pas une nature à la Eckermann, mais un enthousiaste[10] qui depuis le commencement veut obéir là où il ne peut commander, en proie avec son propre penchant à la domination, mais ayant vite compris que l'humanité est depuis longtemps sortie de cette vieille contradiction : obéir et commander. L'entrée en scène de Napoléon en est pour lui comme pour beaucoup d'autres une preuve. La joie qui s'empara de milliers devant le fait qu'un homme était enfin venu, qui s'entendait à commander.

9- *Derunder bolger frit Naturens Overmaal i Lyst og Kval.* Ce thème revient souvent dans les tableaux que le peintre norvégien réalisa dans les années 1890 (dont le célèbre *Le cri, Skriket*) sous l'influence du nietzchéisme de la bohême scandinave de Paris et de Berlin.

10- *En Svaermer, all. Schwärmer.*

Il n'est pas pour autant prédisposé à prêcher l'obéissance dans le domaine de la morale. Il est plutôt enclin à voir au contraire la faiblesse et l'inconsistance de notre doctrine moderne du devoir[11] qui place au sommet l'impératif d'obéir au lieu de la capacité de se prescrire à soi-même une morale.

L'école militaire et la participation à la guerre lui ont permis de découvrir en lui-même un élément dur et viril et contribué à lui inspirer une répugnance généralisée pour toute pudibonderie et sensiblerie à la manière des femmes. Il se détourne avec répulsion de la morale de la pitié dans la philosophie de Schopenhauer et de la conception catholique-romantique de la musique de Wagner qu'il avait pourtant adulé. Il s'aperçut alors qu'il avait transformé les deux maîtres selon son désir dans le prisme de son imagination et comprit fort bien l'instinct de conservation qui s'y faisait valoir. L'esprit créateur se donne lui-même les secours qui lui sont nécessaire. C'est ainsi qu'il caractérisa ultérieurement son livre *Humain trop humain*, édité à l'occasion de la commémoration du centenaire de Voltaire, « *les esprits libres* » de la modernité. Il rêvait d'une confrérie telle qu'il ne peut jamais en trouver en cette vie.

La pénible et douloureuse maladie qui débuta au cours de sa trente deuxième année en l'isolant encore davantage le détacha à jamais de tout romantisme et libéra son esprit du lien de la piété. Mais elle le conduisit loin des rivages du pessimisme en vertu de sa grande et fière pensée : *celui qui souffre n'a pas droit au pessimisme*. C'est cette pensée qui fit de lui au sens strict un philosophe. Sa pensée se fraye un chemin sur des voies interdites dans la pure joie du questionnement : cela est tenu pour une valeur - Ne peut-on pas la renverser ? Cela est considéré comme un bien ? N'est-ce pas plutôt un mal ? - Dieu n'est-il pas congédié - à moins que l'on puisse dire qu'il est le

11- *Pligtlaere, all. Pflichtlehre*

diable... Ne nous sommes-nous pas trompés et ne sommes nous pas tous finalement des trompeurs trompés ?

C'est ainsi que s'est développé sur le sol de la longue maladie un désir passionné de santé qui étendit sur la joie de la santé retrouvée sur la vie, la lumière, sur la légèreté de l'esprit et la liberté, sur l'éclair de la pensée et l'horizon, sur la vue de nouvelles aurores qui pointent, la faculté plastique et la force poétique. Et il rentra dans une longue production ininterrompue ponctuée d'états de ravissement et d'extrême valorisation du sentiment de soi.

- 4 -

Il n'est ni possible ni nécessaire de parcourir la longue série de tous ses écrits. En ce qui concerne à proprement parler celui qui veut attirer l'attention de quiconque ne les a pas encore lu, il s'agit d'abord de présenter la particularité de ses pensées et de mettre son expression en relief de telle sorte que le lecteur puisse avec peu d'efforts se former une représentation de son type d'existence en tant qu'individu et en tant que penseur. Le travail est rendu d'autant plus difficile et par conséquent d'autant moins ennuyeux dès lors que l'on peut donne à chaque pensée sa plus haute expression, celle qui, en l'occurrence, lui communique une brillante apparence.

La morale anglaise du bien-être[12] n'a guère effectuée de percée en Allemagne. Parmi les penseurs actuellement les plus en vue, Eugen Dühring est son principal défenseur. Friedrich Paulsen se rallie également aux anglais. Edouard von Hartmann a cherché à faire valoir l'impossibilité de travailler à la fois pour le progrès de la culture et pour le bonheur. Nietzsche découvre de nouvelles difficultés dans l'investigation du concept de bonheur. La fin des morales du bonheur est de procurer à

12- *Velfaerdsmoral*. Cf l'anglais *Welfare*.

l'individu d'autant plus de plaisir et de lui éviter d'autant plus de déplaisir que possible. Mais qu'en serait-il alors dans le cas où le plaisir et la souffrance seraient imbriquées à un tel point que celui qui voudrait obtenir le maximum de plaisir serait forcé d'accroître la somme correspondante de souffrance dans le jeu ? Cela se passe comme le vers du Lied de Clärchen : *himmelhoch jauchzend, zum Tode betrübt* (*exultant au ciel, attristé à mort*)[13]. Qui sait si le dernier n'est pas la condition du premier ? Les Stoïciens le croyaient et exigeaient en conséquence que celui qui évite le plus la souffrance obtienne aussi peu de plaisir que possible de la vie. On ne peut plus guère raisonnablement promettre aux hommes de nos jours de fortes joies, en particulier lorsque l'on veut les protéger et les assurer contre de grandes souffrances.

On voit que Nietzsche place la question dans les plus hautes sphères spirituelles sans égard au fait que des maux aussi largement répandus que la faim, la paralysie, le travail contraignant et abrutissant, ne sont pas une objection contre des joies toniques. Même si tout plaisir s'achète cher, il n'est pas par là signifié que toute souffrance soit supprimée et écartée par un plaisir plus fort.

En conformité avec sa disposition aristocratique d'esprit[14], il s'attaque à la thèse de Bentham : le plus grand bonheur possible pour le plus grand nombre possible! L'idéal était à proprement parler de rendre possible le bonheur de tous les hommes. Comme cela est impossible, la contradiction se développe comme on l'a indiqué plus haut. Mais pourquoi le bonheur pour le plus nombre ? On pourrait penser : pour les meilleurs, les plus nobles, les plus géniaux et l'on doit avoir le droit de demander si un bien-être et une prospérité commune

13- Goethe, Egmont.

14- *Aristokratiske Aandretning*

sont préférables à l'inégalité dans le groupe dont la pression contraint la civilisation à s'élever constamment.

On enseignera donc l'altruisme. Être moral signifie être altruiste. Il est bon de l'être dit-on. Mais que veut dire : bon ? Bon pour qui ? Non pour le moi se sacrifiant mais pour le prochain. Celui qui prise la vertu de l'altruisme estime quelque chose qui est bon pour la société, mais nuisible pour l'individu. Et le prochain qui veut être aimé pour lui-même n'est pas en lui-même si dépourvu d'estime de soi. C'est la contradiction fondamentale de cette doctrine des mœurs que d'exiger et de recommander une renonciation au moi pour l'avantage d'un autre moi.

L'essentiel et en même temps l'immoral dans toute morale pour Nietzsche tient à l'origine à ce qu'elle n'est qu'une longue contrainte. Le langage triomphe de la force et de la liberté par la contrainte de la versification, comme dans leur domaine les arts plastiques et la musique. La danse est également devenue ce qu'elle est en vertu de lois arbitraires et la nature humaine ne peut atteindre son plein développement que sous la contrainte. Il ne s'agit pas d'une violence exercée sur la nature : la contrainte est la nature elle-même.

L'essentiel ici est que l'on obéïsse longtemps et en suivant une seule ligne directrice : tu dois obéïr. À l'un ou à l'autre, d'une manière ou d'une autre, longtemps - ou bien tu devras périr. Tel est, semble t-il, l'impératif de la nature qui n'est certainement pas inconditionné (comme le pensait Kant) et qui semble moins concerner l'individu (la nature ne s'en soucie guère) que les ethnies et des peuples, des classes, des types d'âge, des races et en fait, l'humanité. Toute la doctrine des mœurs en revanche qui prétend se dévouer au bien propre de chaque individu, à son bonheur, devient ipso facto du point de vue de cette manière fondamentale de voir rien d'autre que conseils domestiques et règles de prudence, préceptes contre les passions qui veulent se déchaîner : toute cette morale est dans sa forme même absurde parce qu'elle s'adresse à tous et généralise ce qui ne laisse pas généraliser ainsi. Kant nous donna un fil conducteur avec son impératif catégorique. Mais ce fil s'est brisé entre nos mains. Il ne nous sert à rien de nous dire : agis comme les autres dans le cas où ils auraient à le faire. Car nous savons qu'il n'existe pas et qu'il ne peut même pas exister d'action en général mais que chaque action est unique en son genre de sorte que tous les préceptes ne portent que sur les aspects les plus grossiers de l'action.

Mais qu'en est-il de la voix de la conscience morale et du jugement ? La difficulté est que nous avons une conscience derrière notre conscience, une conscience intellectuelle derrière la morale. Nous voyons clairement que le jugement de la conscience morale possède sa préhistoire dans ses instincts, dans ses répulsions et attirances originelles, dans ses expériences ou dans son manque d'expérience. Nous voyons également fort bien que nos idées sur le bien et le mal, nos jugements de valeur moraux sont de puissantes promesses quand il s'agit d'action mais que nous devons commencer par supprimer ces idées et créer librement de nouvelles tables de valeur.

En ce qui regarde à proprement parler la morale de prédication universelle de la doctrine des mœurs, elle est aussi vide que les préceptes moraux de l'homme en société à l'usage de tous. Nietzsche donne aux moralistes le bon conseil d'essayer comme au XVIIIème siècle de concentrer toutes ses forces à l'éducation d'un seul individu plutôt que l'espèce entière. Mais en général, les nuques raides de la morale sont elles-mêmes complètement inéduquées et leurs enfants s'élèvent rarement au dessus de la médiocrité morale ordinaire.

Celui qui sent dans son for-intérieur qu'il est incomparable aux autres doit devenir son propre législateur. Car cela seul est nécessaire : donner du style à son caractère. Cet art est exercé par celui qui d'un seul regard sur les côtés forts et faible de son caractère éloigne l'un et l'autre de la nature originelle, puis à la faveur d'un exercice continuel et de l'habitude de combattre, s'adjoint ce qui deviendra pour lui une seconde nature. Il s'assujettit par conséquent à une contrainte afin de plier petit à petit son être sous sa propre loi. C'est seulement de cette manière qu'un homme atteint la satisfaction de soi-même et c'est également ainsi qu'il devient insupportable aux autres. Les mécontents et les insatisfaits se vengent en règle générale toujours sur les autres. Ils sucent eux-mêmes le poison qui empoisonnent leurs faibles facultés et vivent dans un besoin constant de vengeance envers ceux dont ils pressentent l'harmonie de la nature intérieure. C'est à de tels hommes qu'il vient toujours des paroles morales à la bouche, toute la petite musique des janissaires : moralité, sérieux, décence, conformisme. L'envie fait toujours rage en leur cœur à l'encontre de tous ceux qui ont atteint à l'équilibre et peuvent dès lors jouir de la vie.

Ainsi fut la morale pendant des millénaires : l'obéissance à l'égard de ce qui était coutumier; la crainte superstitieuse des vielles habitudes enracinées. L'homme libre et singulier passait pour immoral parce qu'il rompait avec l'équilibre pour lequel les autres nourrissait une crainte superstitieuse. C'est la raison pour laquelle il se sentait si magnifique car il était empli de l'ivresse qu'il éveillait. Inconsciemment s'élaborait cette moralité des mœurs chez tous ceux qui appartenait au groupe tandis que l'on trouvait toujours de nouveaux exemples et des confirmations de la relation existante entre faute et punition. Si l'on se comportait ainsi et ailleurs autrement, on passait pour fou. - Et c'est ainsi que la relation a été confirmée et par là-même la morale populaire renforcée, en réalité une science illusoire du niveau de la médecine populaire.

Les us et les coutumes composent les premières expériences de l'espèce concernant la présomption de l'utile et du nuisible. Mais le sentiment à l'égard de ce qui est moral n'a aucun rapport à ces expériences comme telles mais plutôt à leur vénérable ancienneté, d'où découle leur caractère incontestable.

Dans l'état de guerre où la plupart des peuples vivait dans les temps anciens, aucune jouissance n'était plus grande que la cruauté sous le joug de cette moralité des mœurs. La cruauté appartient aux plus grandes joies de la victoire et de l'ivresse de l'humanité. On se représentait aussi les dieux festoyant pendant qu'on leur offrait le spectacle de cruautés et c'est ainsi que s'insinua la représentation dans le monde que le tourment de soi, l'abnégation et la chasteté sont de grande valeur, non en tant que discipline et éducation mais comme un doux parfum aux narines du Seigneur.

Le christianisme en tant que religion antique a continuellement préconisé et prêché le tourment de l'âme. Que l'on pense à la situation du chrétien du Moyen-âge quand il présumait ne plus pouvoir participer de cet éternel tourment. Eros et Aphrodite étaient tous deux selon cette conception des puissances infernales. La mort devint la peur.

La morale de la pitié a suivi la morale de la cruauté. On estima la morale de la pitié en raison de son altruisme, notamment chez Schopenhauer. Mais Edouard von Hartmann démontra aussitôt dans son riche ouvrage *Phänomenologie des sittlichen Bewusstseins* (*Phénoménologie de la conscience éthique*, p. 217-240) l'impossibilité de dériver de la pitié les plus importants motifs moraux, ainsi que Schopenhauer le voulait. Nietzsche s'en prit à la morale de la pitié d'un autre point de vue. Il montre qu'elle n'est en aucune manière altruiste. Le malheur de l'autre m'émeut douloureusement et m'affaiblit, il me déterminera peut-être comme lâche si je ne lui porte pas assistance. Ou bien il y a en elle comme l'indication d'un danger possible pour nous; nous ressentons en outre non seulement du plaisir lorsque nous comparons notre propre situation avec celle de celui qui souffre mais également lorsque nous apparaissons comme celui qui porte secours et qui est le plus puissant. L'aide que nous apportons est perçue par nous comme bonheur ou bien de surcroît, elle ne fait que nous arracher à l'ennui.

La pitié en tant que compassion effective serait une faiblesse, oui, un malheur dans la mesure où elle accroîtrait la souffrance dans le monde. Celui qui voudrait sérieusement se dévouer par pitié en se portant au devant de toute la misère qui l'entoure, finirait tout simplement par périr.

Chez les primitifs, ce n'est qu'avec répugnance que l'on songe à réveiller la pitié. Celui qui le fait est considéré comme digne de mépris. Nourrir de la pitié à l'encontre de quelqu'un signifie tout simplement le mépriser dans le processus de la pensée primitive. Et on ne trouve aucun plaisir à voir un être méprisable souffrir. Voir par contre un ennemi souffrir qui ne renonce pas à sa fierté même sous la torture : voilà un plaisir qui engendre l'admiration.

On prêche volontiers la morale de pitié sous la forme : aime ton prochain ! Nietzsche se concentre particulièrement dans son attaque sur le mot : prochain. Il ne procède pas seulement comme Kierkegaard à une suspension de l'éthique [15]. Il relève plutôt que la véritable nature morale devrait plutôt consister dans le fait que nous dirigions notre regard sur les conséquences prochaines de nos actes pour y trouver notre orientation. Il met particulièrement l'accent sur ce qu'il y a de mesquin et de petit-bourgeois dans une morale qui passe au dessus de ces conséquences en visant néanmoins des fins

15- « *La suspension téléologique de l'éthique* » dont parle Kierkegaard dans *Crainte et tremblement* et en particulier la situation où Abraham, en quelque sorte *« par delà le bien et le mal »* décide contre toute raison d'accomplir la volonté de Dieu de sacrifier Isaac. C'est *« en vertu de l'absurde » (i kraft af det Absurde)* qu'agit Abraham sans demander pourquoi Dieu reprend ce qu'il a donné.

lointaines par des moyens qui font violence à la conscience du prochain ou par exemple des buts étrangers quand bien même si ceux-ci éveilleraient le chagrin, le doute et des passions mauvaises. Nous n'avons guère besoin pour cette raison d'être sans pitié mais nous pouvons la retenir captive en raison du but à atteindre.

De la même manière qu'il est absurde de caractériser la pitié comme égoïste et de vouloir la sanctifier, il est de même absurde de livrer en pâture à la mauvaise conscience toute une série d'actions pour la seule raison qu'elles sont blâmables et égoïstes. C'est ce qui s'est passé à l'époque la plus récente sur ce terrain lorsque l'on a voulu sanctifier la négation de soi, l'instinct de sacrifice de soi, au nom d'un altruisme qui était devenu en lui-même la valeur morale.

Les moralistes anglais qui dominent pour le moment l'Europe expliquent l'origine de la morale de plusieurs manières : les actes altruistes ont été originellement dénommés *bons* par ceux à qui ils étaient avantageux contre ceux à qui ils étaient nuisibles. On a ultérieurement oublié cette cause originelle pour considérer les actes altruistes comme s'ils étaient en et pour soi quelque chose de bon. Ce fut, selon les propres mots de Nietzsche, le livre de Paul Rée (*L'origine des sentiments moraux*, Chemnitz, 1877), d'inspiration anglo-saxonne, qui l'incita à une réaction polémique passionnée tout en lui restant redevable de ce point d'appui pour développer et éclaircir ses pensées.

Ce qui doit nous étonner est par conséquent ce qui suit : mécontent de ce premier ouvrage, Rée écrivit un second livre beaucoup plus significatif que le premier sur le même sujet : *La genèse de la conscience* (Berlin, 1885) dans lequel le point décisif qui enrageait Nietzsche était abandonné et plusieurs des idées que ce dernier faisaient valoir à son encontre étaient reprises avec nombres de références à des auteurs et nations différents.

Les deux philosophes se sont connus personnellement et se sont longuement fréquentés. Je connais moi-même personnellement les deux hommes tout en me trouvant dans le moment présent dans l'ignorance de la situation de l'un et hors d'état de questionner l'autre. Il ne m'est pas possible pour cette raison de voir lequel des deux a influencé l'autre et pourquoi Nietzsche a tant fait état en 1887 de sa réticence à l'encontre de Rée alors qu'il affirmait cette position en 1877 sans le nommer explicitement et que sa conception tenait à quelques années dans la publication de son œuvre.

Rée avait déjà produit un certain nombre d'exemples significatifs concernant le fait que différents peuples antiques ne connaissaient pas d'autre classification morale que noble et méprisable, puissant et faible de sorte que la plus ancienne signification de *bon*, tant en Grèce qu'en Islande, était distingué, puissant, riche.

Nietzsche construit toute sa doctrine sur ce fondement. Le processus de sa pensée est le suivant : le jugement de valeur « bon » ne provient pas de ceux à qui fut refusée la bonté. La plus ancienne détermination a été celle -ci : les nobles, les puissants, les haut placés et élevés d'esprit se sont eux-mêmes tenus pour bons - de premier rang - par opposition à tout ce qui était bas et mesquin. Le noble et le distingué en tant que sentiment d'appartenance à une classe supérieure est le concept fondamental à partir duquel le bon se développe comme une haute qualité spirituelle. Ceux qui appartiennent aux couches les plus basses sont caractérisés comme simples et médiocres (et non mauvais). La simplicité reçoit alors pour la première fois sa signification péjorative. C'est du point de vue de l'homme du commun un mot fleurissant : purement et simplement, simple comme égal à comparer avec le mot étranger *Gemen* dans la langue danoise[16].

La caste dominante se désigne elle-même d'une part comme les puissants tantôt comme les seuls véridiques. Ainsi en allait-il de la noblesse grecque dont l'interprète est Théognis. Le beau, le bon et le distingué étaient toujours ce qui désignait le noble. La position morale des valeurs procède d'une affirmation triomphante que nous trouvons seulement chez les héros homériques. Nous les nobles, les beaux, les braves - nous sommes les bons, aimés des dieux. Ce sont des hommes forts, portés par la force, dont le plaisir est d'agir et de combattre et pour qui le bonheur est en d'autres termes quelque chose d'actif.

Il ne peut par conséquent pas échapper que les nobles méprisent et méconnaissent la condition ordinaire qu'ils dominent, la plainte de la caste assujettie, des esclaves du travail, de la bête de somme, tous ceux pour qui le bonheur est le repos, le sabbat, quelque chose d'inactif.

Chez les êtres de condition inférieure dominent nécessairement une image péjorative inversée, faite de haine et d'envie, des castes supérieures qui est l'expression de la vengeance[17].

À l'inverse de la position aristocratique des valeurs (bon = distingué, noble, beau, heureux, béni des dieux), la morale de l'esclave est la suivante : seuls les miséreux sont les bons; ceux, qui souffrent et subissent, les malades et les faibles, sont les seuls êtres dignes. Par contre Vous, Vous les riches et les nobles, Vous êtes de toute éternité les *mauvais*, les cruels, les impies qui auront être jugés après la mort. Alors que la morale aristocratique était l'expression d'un grand sentiment de soi,

16- cf Le terme allemand *Gemein* : commun

17- Note de Brandes : Nietzsche appuie sa conception sur des dérivations étymologiques qui sont soit douteuses, soit incorrectes, mais dont la plus ou moins grande valeur est inessentielle (uvaesentlig).

d'une affirmation permanente, la morale des esclaves est un non définitif à l'autre, un tu *ne peux pas*, une négation.

À l'évaluation aristocratique *bon-simple*, commun (= sans valeur) répond l'opposition de la morale des esclaves entre *bon* et *mauvais*. Qui devient mauvais dans la morale des opprimés ? Justement le même que celui qui était dans l'autre moral bon.

Nous lisons les sagas islandaises et pénétrons plus profondément dans la morale des vieux habitants du nord pour nous opposer aux complaintes concernant les méfaits des Vikings. Et nous voyons que ces aristocrates, dont la moralité se tenait haut à bien des égards plus haut que celle de leurs ennemis, n'étaient guère meilleurs que des bêtes fauves lâchées. Ils s'abattaient sur les habitants des côtes des terres chrétiennes comme des aigles sur des agneaux. On pourrait dire qu'ils poursuivaient un idéal aquilin. Mais l'on ira pas non plus s'étonner que ceux qui étaient exposés à ces assauts terrifiants se soient rassemblés autour d'un idéal moral tout à fait opposé, celui de l'agneau.

Au troisième chapitre de son livre sur *l'Utilitarisme*, Stuart Mill essaye de démontrer comment le sentiment de justice s'est développé à partir du désir animal de compenser un dommage ou une perte. Dans un essai sur « *la satisfaction transcendante du sentiment de vengeance* » (annexe à la première édition de *Werth des Lebens/ Valeur de la vie*), Eugen Dühring a cherché après lui à construire le concept de la justice punitive sur l'instinct de rétribution[18]. Dans sa *Phénoménologie*, Edouard von Hartmann a montré comment ce désir *stricto sensu* ne pouvait mener qu'à une nouvelle souffrance et à une nouvelle restriction pour trouver une solution extérieure à la première de sorte que le principe de compensation ne pouvait jamais devenir un principe particulier.

18- *Gengaeldelsesdrift.*

Nietzsche fait une tentative passionnée, extrême, pour reconduire l'essentiel de la fausse morale moderne non à l'instinct de compensation ou au sentiment de vengeance en général mais à la forme plus basse qui le constitue, le ressentiment, l'envie et la rancune[19]. Ce qu'il a nommé la morale de l'esclave n'est autre selon lui que la pure morale du ressentiment. Et c'est cette morale qui a marquée de son empreinte tous les idéaux de l'impuissance, qui ne rend jamais rien, et qui est devenue la bonté; la bassesse anxieuse est devenue l'humilité; le fait ne pas pouvoir se venger est devenu dévouement, amour de ses ennemis. L'humilité devint un signe distinctif; Dieu élève durement celui qu'il aime. Ou bien elle était une préparation, une épreuve, une école ou davantage encore : quelque chose qui doit être évalué avec des intérêts et rétribué par la béatitude. Et l'on entend les pires animaux venimeux qui s'enflent de haine et écument de ressentiment, dire : nous les bons, nous sommes les justes. Ils ne haïssent pas leurs ennemis, ils haïssent l'injustice et l'impiété. Ce qu'ils détestent, ce n'est pas la douceur de la vengeance, mais la victoire de la justice. Ce qu'il ne leur restait pas même à aimer sur cette terre étaient leurs frères et leurs sœurs en haine, qu'ils appelaient leurs frères et sœurs dans l'amour. Ce qu'ils attendaient dans l'avenir, ils l'appelaient la venue de leur royaume, le royaume de Dieu. En attendant qu'il arrive, ils vivaient dans la foi, l'espérance et la charité.

Si Nietzsche avait eu l'intention dans cette description d'embrasser le christianisme historique, il aurait donné, comme chacun le voit, une caricature dans l'esprit et le style du XVIIIème siècle. Que sa description concerne plus spécifiquement un certain type d'apôtres de la morale du ressentiment ne peut être nié et il est rare que tout soit tromperie et auto-illusion caché sous une révélation morale, dévoilée ici avec la plus

19- En français dans le texte.

grande énergie (on peut comparer à ce sujet : Par *delà le bien et le mal, prélude à une philosophie de l'avenir* (*Jenseits von Gut une Böse, Vorspiel zu einer Philosophie der Zukunft*) et *La généalogie de la morale, un écrit polémique* (*Zur Genealogie der Moral. Eine Streitschrift*).

- 5 -

La détermination fondamentale de l'homme est selon Nietzsche la suivante : l'homme est un animal qui peut donner et tenir des promesses.

Il perçoit la propre grandeur de l'homme dans le fait de pouvoir promettre quelque chose, de s'en tenir à soi-même et de prendre sur soi la responsabilité - un rapport qui présuppose que l'homme acquiert avec la maîtrise sur soi la domination des choses extérieures et des autres créatures dont la volonté n'est pas aussi constante. C'est la conscience (*Bevidsthed*) de cette responsabilité que l'homme souverain appelle sa conscience morale (*Samvittighed*).

Quelle est maintenant la préhistoire de cette responsabilité, de cette conscience ? Elle est longue et sanglante. C'est à l'aide de moyens terribles au cours de l'histoire qu'a été produite une mémoire de ce qui fut tour à tour tacitement prisé ou loué explicitement, et la volonté fut disciplinée. Pendant des millénaires, l'homme a été enchaîné par la moralité des mœurs et les châtiments de la lapidation et de la torture. Enterré vivant, écartelé entre quatre chevaux, jeté à l'eau avec une pierre autour du cou ou bien lié dans un sac, fouetté, battu, marqué au fer jusqu'à ce que ces moyens impriment à l'animal oublieux, l'homme, une mémoire durable et le souvenir de ce qu'il avait promis contre la permission de jouir de ses biens à la faveur de son appartenance à la société.

D'après la conjecture de Nietzsche, la conscience de la faute dans sa simplicité apparaît d'abord comme conscience d'une dette. Le rapport contractuel entre le créancier et le débiteur, qui est aussi vieux que les plus anciennes formes fondamentales d'accord humain lors de la vente, l'achat et le commerce - est le rapport qui se trouve ici posé au fondement. Le débiteur promet (pour faire valoir sa promesse d'un remboursement) quelque chose qu'il possède : sa liberté, sa femme, sa vie ou bien il donne au créancier le droit de prélever - selon la grandeur de la dette - un morceau plus ou moins grand de la chair de son corps (les douze règles du Talion; et aussi dans : *Le marchand de Venise*).

La logique ici est la suivante, bien qu'elle nous soit devenue assez étrangère. En compensation de sa perte, le créancier obtient un surcroît de plaisir qui naît du pouvoir gagné sur celui qui en est dépourvu.

Le lecteur peut trouver chez Rée les preuves de la thèse de Nietzsche que cela a bien été pendant des millénaires la conception fondamentale de l'homme : voir l'autre souffrir fait du bien. Lui procurer une souffrance supplémentaire est une fête au cours de laquelle le bienheureux s'enfle de l'ivresse du pouvoir; mais on peut aussi bien trouver dans ce qui précède des arguments en faveur de l'idée que les instincts de pitié, de bonté et de douceur, ultérieurement honorés comme des vertus, étaient originellement considérés comme dépourvus de valeur et en vérité comme des signes de faiblesse.

Dans l'achat et la vente, ainsi que dans tout ce qui mentalement en relève et dans ce qui est plus ancien que n'importe quel ordre social s'engendre selon Nietzsche la compensation, l'égalisation, le droit et le devoir. L'homme a été très tôt fier d'être l'être qui pose les valeurs. Une de ses plus anciennes pensées fondamentales a été celle-ci : chaque chose a son prix. C'est de cette manière que la pensée : tout peut se payer - a toujours été la plus vieille et la plus puérile représentation de la justice.

C'est maintenant la société dans son intégralité qui, au fil de son développement, se tient dans le même rapport vis-à-vis de ses membres que le créancier face au débiteur. La société protège ses membres; ils sont en sécurité face à la menace d'un état hostile - à condition qu'ils ne rompent leur obligation envers elle. Celui, qui brise sa promesse, le criminel, se trouve reconduit à l'état antérieur d'insécurité que l'exclusion de la société comporte.

Dans la mesure où Nietzsche s'en tient exclusivement au psychique en laissant tout appareil d'érudition de côté, la justesse de ses affirmations ne peut se laisser écarter directement. On pourra trouver chez Paul Rée dans les paragraphes concernant le désir de vengeance et le sentiment de justice (ainsi que dans la section sur la rétribution de la vengeance : la compensation par de l'argent) tous les faits historiques rassemblés.

D'autres penseurs que Nietzsche (tels que von Hartmann et Rée) ont contesté la conception selon laquelle l'idée de la justice devait tenir son origine d'un état ou domine la vengeance et Nietzsche n'est pas vraiment parvenu à apporter quelque chose de nouveau ni même de preuve significative; mais ce qu'il a de particulier en tant qu'écrivain est cet excès de passion subjective avec laquelle il s'emporte contre cette pensée pour la seule raison visiblement qu'elle touche au plus près le fondement du mode de penser démocratique moderne.

Dans l'exigence moderne de justice résonne très souvent la tonalité de l'envie générale et du ressentiment. Beaucoup de savants contemporains d'origine bourgeoise ou petite bourgeoise ont vu au delà du raisonnable quelque chose de grand et de valeur estimable dans les dispositions mentales inférieures qui existent chez ceux qui sont opprimés depuis longtemps : la haine et la rancune, l'envie et la soif de vengeance.

Nietzsche ne s'occupe pas un seul instant de la situation où la vengeance rend service en tant que seul droit de punir : car la vengeance du sang n'est pas seulement l'expression de la haine de l'esclave à l'encontre du maître mais de la représentation de l'honneur entre également obligés. Il en reste exclusivement à la contradiction entre une classe dominante et une caste assujettie et nourrit une amertume constamment renouvelée à l'encontre des érudits qui, parmi les contemporains, désirent le progrès et se fient exclusivement aux instincts sociaux pour, inversement, se défier dans une disposition d'esprit hostile des esprits supérieurs. Sa propre singularité personnelle, le non-philosophique déterminé par le tempérament chez lui, s'exprime dans le trait caractéristique suivant : tandis qu'il n'éprouve que dédain et mépris pour la classe opprimée ou la caste de même que pour *la morale d'esclave* née de l'envie réprimée, il prend forme et consistance dans la joie de domination[20] ainsi que dans l'atmosphère de santé, de liberté, d'ouverture et de vérité dans laquelle elle vit. Sa position d'attaque la défend ou bien l'excuse. L'image qui se forme dans l'esprit de la caste des esclaves est selon lui cependant aussi fausse que celle qui prend forme dans la caste des maîtres.

Il ne peut même pas être sérieusement question d'injustice réelle commise par cette caste. Car il n'existe pas en et pour soi de juste et d'injuste. En et pour soi, un accroissement de dommages, une violence, un anéantissement ne sont pas des injustices et ne peuvent même pas l'être dans la mesure où la vie, dans son essence comme dans ses manifestations fondamentales, n'est que violence, iniquité et destruction. L'état de droit ne peut être autre chose qu'un état d'exception en tant que limitation du désir de vivre dont la fin est la puissance.

Nietzsche remplace la volonté de vivre schopenhauerienne (*Vilje till Livet*) et la lutte darwinienne pour l'existence (*Kamp*

20- *Magtglaede.*

for Tilvaerelsen) par la volonté de puissance (*Vilje till Magt*). Ce n'est pas pour la vie, pour sa conservation, que l'on combat, mais pour le pouvoir. Et il n'a pas assez de mots - peu amènes - au sujet des rapports étroits et mesquins que les anglais semblent avoir eu en vue en présentant le concept de *Struggle for Life* dans son étroitesse. Tout se passe selon lui comme s'ils avaient eu dans leur pensée la représentation d'un monde dans lequel chacun se trouvait satisfait pourvu qu'il conserve la vie. Mais la vie est seulement une expression minimale. En soi, la vie ne veut pas seulement sa propre conservation mais son accroissement et il en va déjà là d'une sorte de « *désir de puissance* ». Il est par conséquent clair qu'il existe une différence principielle entre cette nouvelle formule et l'ancienne : car le combat pour l'existence conduit nécessairement au combat des puissances et au combat pour la puissance. Même l'ordre légal est dans cette perspective un moyen dans la lutte des forces. Pensé comme souverain et en tant que moyen contre tout combat en général, il n'aurait été qu'un principe hostile à la vie, destructeur pour l'avenir de l'humanité et le progrès.

Lassalle pensait déjà quelque chose d'analogue lorsqu'il disait que le point de vue du droit est une simple perspective dans la vie du peuple. Il est caractéristique de la pensée de Nietzsche que la joie de la lutte soit d'elle-même en contradiction avec la manière de voir de l'humanisme moderne. Pour Nietzsche, la quantité de progrès peut se laisser mesurer à ce que l'on doit lui sacrifier. L'hygiène qui maintient en vie des millions d'êtres faibles et inutiles qui devaient plutôt mourir n'est pas selon lui un progrès réel. Une plate médiocrité dans le bonheur promise au plus grand nombre possible de créatures misérables que nous appelons aujourd'hui hommes ne serait pour lui en aucune manière un progrès effectif. Mais pour lui comme pour Renan, l'engendrement d'une espèce supérieure et plus forte d'homme que celle qui nous entoure (« le surhomme »[21]) serait un grand et réel progrès même s'il ne peut être atteint par le sacrifice du plus nombre. L'utopie de l'avenir qu'exprime sérieusement Nietzsche à propos de l'éducation du surhomme et de la reprise du pouvoir sur terre possède une forte ressemblance avec les esquisses restées à l'état de rêves inabouti à propos d'un nouvel Asgaard[22], une réelle fabrique d'Ases (*Dialogues philosophiques*, p.117) et l'on peut difficilement douter d'une influence. Ce que cependant Renan a écrit sous l'impression puissante de la Commune de Paris dans un dialogue où il fait apparaître le pour et le contre s'est cristallisé chez Nietzsche dans une conviction dogmatique. On s'étonne et s'offusque parfois de ce que Nietzsche n'ait jamais eu que des paroles malencontreuses à l'égard de Renan. Cela touche à coup l'esprit aristocratique chez lui car il abhorre la crainte respectueuse de l'Evangile des humbles que Renan remet à l'ordre du jour et qui se tient certainement en contradiction avec l'espérance de l'établissement d'un institut de formation pour les futurs surhommes.

Renan et Taine selon lui se sont tournés contre les sentiments religieux qui avaient longtemps survécu après la première révolution française[23]. Pour des raisons nationales, Renan a précocement critiqué la révolution et Taine, qui avait d'abord parlé d'elle avec enthousiasme, commença à l'analyser de plus prés ultérieurement. Nietzsche marche sur leurs traces. Il est naturel que des écrivains modernes qui se sentent comme des enfants de la révolution aient des affinités avec le grand homme de l'insurrection et ceux-ci n'ont certainement pas obtenu justice dans l'atmosphère hostile qui règne actuellement en

21- *Overmenneske, Ubermensch en allemand.*

22- *Asgaard* : le domaine des dieux-Ases (par opposition aux Vanes) ou le « jardin » des dieux, l'Olympe de la mythologie nordique ancienne.

23- La Commune de Paris étant vraisemblablement, dans l'esprit de Brandes en 1889, la seconde...

Europe. Mais les écrivains, effarouchés par ce qui se nomme dans le langage politique césarisme et par confiance excessive dans les mouvements de masse, n'ont souvent pas vus que les grands libérateurs capables de révolte n'étaient pas les petits rassemblés mais un tout petit nombre; ce ne sont pas les petits envieux mais les grands admirateurs qui créent plus de bonheur et de croissance spirituelle.

Il existe deux catégories d'esprit insurrectif, ceux qui se sentent instinctivement attirés par Brutus et ceux qui se portent vers César. César est le grand type; Frédéric II et Napoléon n'ont que le type de leurs particularités. La poésie moderne fourmille de louange à Brutus. Mais aucun poète n'a chanté César. Même un poète aussi peu enclin au pouvoir populaire que Shakespeare n'a eu aucun regard pour sa grandeur. Il coule sa figure dans une pâle caricature pour ennoblir la figure de Brutus à ses frais d'après les écrits de Plutarque. Shakespeare lui-même n'a pas compris que César mettait un tout autre prix à la vie que son misérable meurtrier. César descendait de Vénus. Sa forme était la grâce même. Il avait dans son esprit la grande simplicité qui est le signe distinctif des plus grands. Son essence était la noblesse même. Lui, à qui tout pouvoir souverain encore aujourd'hui est redevable de son nom, pouvait, savait et connaissait tout ce qu'un chef d'armée et un maître d'un haut rang doit savoir et connaître. Seuls quelques hommes pendant la Renaissance italienne se sont élevés à cette hauteur du génie. Quels que soient les progrès qui aient été accomplis en ce temps, ils trouvèrent leur point d'appui dans sa vie. L'essence de Brutus était la doctrine, sa détermination caractéristique la limitation qui veut reproduire des situations mortes et voit des présages d'une vocation dans la seule contingence d'un nom. Son style était sec et contraint, son esprit stérile. Il souffrait du mal de mer, la terre était son plaisir. Les provinces n'étaient pour lui que des conquêtes sans droits. Il fit mourir de sa main cinq sénateurs à Salamine parce que la ville ne voulait pas payer son tribut. Et c'est ce bon esprit qui est devenue une sorte de génie de la liberté à la suite de coups de poignards que rien ne justifiait et que rien n'empêcha non plus : cela parce que l'on ne comprenait pas ce que signifiait la nature la plus douée, la plus riche et la plus forte, avec la plénitude souveraine de la puissance.

Il devient dès lors facile de comprendre que Nietzsche déduit intégralement la justice des mouvements effectifs de l'esprit et de ses dispositions sachant que, selon lui, les sentiments réactifs (tilbageslagsfolelserne) sont toujours bas. Mais il n'a pas hésité longtemps sur ce point. Les anciens avaient vu dans l'instinct de rétribution l'origine du châtiment. Stuart Mill dans son utilitarisme avait déjà déduit la justice de la détermination déjà établie de la punition (*justum* de *jussum*) qui était la règle d'un rapport déterminé et non une compensation. Dans son livre sur *L'Origine de la conscience* (morale), Rée défendait une thèse analogue selon laquelle le châtiment n'était pas la conséquence du sentiment de justice mais le sentiment de justice la conséquence du châtiment. Les philosophes anglais dérivent en général la mauvaise conscience de la punition. Sa valeur consisterait dans l'éveil du sentiment du crime chez le coupable.

Nietzsche soulève à ce sujet une objection. Il soutient, en effet, que le châtiment ne fait qu'endurcir et renfermer l'homme sur lui-même de telle sorte que le criminel, dans la procédure judiciaire même, se voit empêché de considérer sa conduite comme blâmable; car il voit précisément que les mêmes types d'actions que celles qu'il a commises - fraude, faux témoignages, ruse - s'exercent contre lui dans l'intérêt de la justice et qu'elles y sont reconnues. Dans les temps plus reculés, on ne prenait guère en considération la faute du criminel, on la regardait comme un signe du destin et le criminel, de son côté, regardait le châtiment comme un autre signe du destin qui s'abattait sur lui et il s'y résignait avec la même fatalité que celle avec laquelle les russes supportent la réalité aujourd'hui. On peut dire en général que le châtiment discipline l'homme mais qu'il ne l'améliore pas.

La mauvaise conscience ne s'en trouve pas encore par là expliquée. Nietzsche n'en fait pas moins état des géniales intuitions suivantes : la mauvaise conscience est un état maladif s'approfondissant qui surgit lorsque l'homme, sous la pression de transformations radicales qu'il a en général subi tandis qu'il se trouvait enfermé dans la société. Tous les instincts forts et non domestiqués comme le désir d'agir, l'audace, l'avidité et l'ambition, qui avaient été jusqu'à présent non seulement honorés mais également formellement disciplinées, furent tout d'un coup frappés du sceau du danger puis graduellement marqués au fer rouge comme immoraux et criminels. Beaucoup d'hommes menant une vie de guerre et d'aventure virent soudain tous leurs instincts caractérisés comme sans valeur, voire comme interdits. Un monstrueux découragement, un abattement sans pareil, s'empara d'eux. Tous les instincts qui ne pouvaient trouver d'issue à l'air libre se retournèrent à l'intérieur contre l'homme lui-même : une disposition d'esprit hostile, l'inimitié, les instincts de changement, les intrigues, les assauts, les poursuites, les destructions - et c'est ainsi que naquit la mauvaise conscience.

Lorsque l'État commença à exister - non pas en vertu d'un contrat social comme Rousseau et son temps le présumaient - mais parce qu'un groupe de conquérants avec des instincts terrifiants de domination fut assujetti par une masse de peuplement inorganisée, tous les instincts de liberté furent terrassés; la force active et le désir de puissance[24] se retournèrent contre l'homme lui-même. Et la terre enfanta ces idéaux de

24- *Attraaen til Magt* : désir de pouvoir/puissance.

beauté : la négation de soi, le sacrifice, l'altruisme. Le désir de sacrifice est dans sa sphère une forme de pulsion de cruauté; la mauvaise conscience est un désir de souffrance du moi et d'auto-punition.

On éprouve désormais sa faute comme une dette à l'égard du passé, des ancêtres, une dette qui doit être réparée par des sacrifices - au commencement d'un repas sous une forme grossière - par des témoignages honorifiques et par l'obéïssance. Car toutes les coutumes sont également, comme les actes des ancêtres, leurs commandements[25]. De là l'angoisse éternelle de n'avoir pas suffisamment donné et l'on va jusqu'à faire l'offrande du premier-né. La crainte de l'ancêtre originel (père primitif) ne fait que croître au fur et à mesure que le pouvoir de l'espèce s'accroît. Entre-temps, il a été transformé en un dieu, à la faveur d'un procès où l'origine de Dieu à partir de la crainte devient manifeste.

Le sentiment de culpabilité à l'égard de la divinité s'est constamment accru au cours des siècles jusqu'à ce que la reconnaissance du dieu chrétien comme dieu universel apporte la plus grande somme possible de culpabilité. C'est seulement de nos jours qu'il est question d'une atténuation sensible de cette dernière; mais là où la conscience du péché a atteint son point suprême, la mauvaise conscience a aussi gagné l'âme toute entière de sorte que le sentiment de l'impossibilité de s'acquitter de la faute et des péchés devient exclusif et qu'il s'y rattache la pensée des peines éternelles. Le père primitif (Adam) est représenté à la faveur de l'acte qu'il l'exclut et l'exile, le péché devient le péché originel. Dans la nature elle-même, du sein de laquelle l'homme est issu, se trouve le mauvais principe; elle est maudite, diabolisée - jusqu'à ce que nous nous trouvions devant l'issue paradoxale en laquelle la chrétienté martyre

25- Note de Brandes : que l'on compare ici avec la doctrine de Lassalle sur la religion romaine originelle, op. cité, p. 443.

a trouvé durant des millénaires une consolation provisoire : Dieu s'offre en sacrifice pour l'homme dans sa propre chair et son propre sang.

Voilà comment on peut décrire ce qui s'est passé : l'instinct de cruauté, en s'intériorisant, est devenu le martyre de soi-même et tous les instincts animaux-humains ont été réinterprétés comme faute à l'égard de Dieu. Chaque non que l'homme oppose à sa nature comme à son être réel se retourne pour devenir un oui confessant la réalité de Dieu, son caractère sacré, sa nature de justicier et de bourreau et par la suite, l'éternité d'un tourment sans fin, des tourments éternels de l'enfer.

Pour comprendre correctement le surgissement des idéaux de renoncement, on doit de surcroît penser que les plus vieux types de natures spirituelles destinées à la contemplation ont vécu sous la pression angoissante du mépris des chasseurs et des guerriers. Ce qu'il y avait de non-belliqueux en eux était ridicule et méprisable. Ils n'avaient aucun autre moyen que de se mettre eux-mêmes à inspirer la crainte. Ils savaient ce qu'ils pouvaient faire avec la cruauté envers soi-même, la peur et l'autodiscipline parmi les simples. En tant que prêtres, prophètes et magiciens, ils inspirèrent aux masses une crainte superstitieuse. Le prêtre qui se tourmente est la larve immonde à partir de laquelle une saine nature de penseur s'est développée. C'est avec la domination de la prêtrise que notre terre est devenue la sphère du renoncement : une ravine à corbeaux sous la voûte céleste peuplée de créatures orgueilleuses et mécontentes qui en voulaient à la vie, abhorraient leur planète comme une vallée de larmes et qui, en haine de la beauté et de la joie, se rassasièrent d'autant de méchanceté que possible.

Là réside la contradiction que nous trouvons dans l'ascèse : la vie ne s'est retourné *contre* la vie qu'en apparence. En réalité, l'idéal de renoncement répond à un besoin et un désir virulent de la vie maladive de soin et de guérison. Il est un idéal qui indique la faiblesse et la lassitude. Par conséquent, c'est également avec son aide que la vie combat la mort. Il est un concept artificiel de l'auto-conservation de la vie. Sa présupposition est l'état maladif dans lequel se trouve l'homme opprimé et blessé par la vie avec le désir d'être quelque chose d'autre, d'être ailleurs, ce désir dût-il être fortement intériorisé et passionné.

Le prêtre qui se tourmente est l'incarnation de ce désir lui-même. C'est à l'aide de ce pouvoir qu'il tient et arrime à la vie une horde entière d'êtres mutilés, assujettis, désespérés et malheureux. C'est parce qu'il est lui-même malade qu'il est leur pasteur et leur berger naturels. S'il était en bonne santé, il se serait détourné avec répugnance de toute cette attirance envers tout ce qui est faiblesse, ressentiment, pharisaïsme, fausse moralité et inclination à la vertu. Malade comme il peut l'être, il ressent la vocation d'être un tel garde-malade dans le grand hôpital pour pécheurs et pécheresses qu'est l'église. Il s'affaire inlassablement avec ceux qui souffrent et cherchent la cause de leur souffrances en dehors d'eux-mêmes; il apprend au souffrant que la seule cause coupable de son tourment n'est autre que lui-même. Il donne par conséquent à la souffrance de l'homme malheureux une autre direction, le rend plus incertain en le contraignant à transférer une grande partie de son tourment sur lui-même. Le prêtre, qui dévore sa propre chair, ne peut pas être à proprement parler être un médecin; il apaise la souffrance, invente des consolations de toutes sortes, qui sont tantôt des remèdes tantôt des poisons enflammant ou endormant tour à tour la blessure.

Il a été jusqu'à présent question de la lassitude et du désespoir qui, tel un parasite, s'est emparé des grandes masses. On a essayé plusieurs moyens. On s'est tout d'abord efforcé de déprécier le sentiment de la vie au niveau le plus bas : ne pas vouloir, ne pas désirer, ne pas agir, s'abrutir (le : *il faut s'abêtir* de Pascal). La fin est sacrée. Une hypnotisation de toute la vie mentale, une annulation de tous les projets et à partir de là, de la liberté de souffrir. Par la suite, on a appliqué à l'encontre de tels états mélancoliques des activités mécaniques comme moyen d'abêtissement : la bénédiction du travail. Le prêtre ascétique qui a le plus souvent à faire avec la souffrance des classes pauvres réinterprète au pauvre esclave du travail sa propre activité et lui fait voir en elle un bienfait. En outre, il s'y ajoute une prescription de petits plaisirs passagers comme remède léger à la mélancolie : rendre les autres heureux, aimer son prochain et l'aider. C'est en fin de compte le moyen décisif pour organiser tous ces malades en un seul et monstrueux hôpital en constituant à partir d'eux une conscience collective. Le déplaisir consécutif au sentiment de faiblesse est combattu tandis que cette masse se sent forte dans cette consistance intérieure.

Le principal moyen du prêtre ascétique était cependant de transformer l'interprétation du sentiment de culpabilité en en faisant un péché. La souffrance intérieure était châtiment. Le malade était le pêcheur. Nietzsche compare le malheureux qui reçoit cette interprétation avec la poule autour de laquelle on a tracé un cercle de craie. Dès lors, il ne peut plus faire un pas au delà. Pendant une longue série de siècles, de quelque côté que le regard se porte, on voit le regard hypnotique du pécheur - cela malgré Job - se fixer sur la faute comme sur la seule cause de la souffrance. Et partout la mauvaise conscience, des lamentations déchirantes, des pleurs et des grincements de dents. Ils s'écrient : plus de souffrances, plus de souffrances ! Tout se met à rentrer au service de l'idéal de renoncement. C'est ainsi que manifestèrent les mouvements épileptiques comme dans la danse de Saint Guy, les flagellants, les sorcières hystériques et les grands délires collectifs dans les sectes (qui hantent encore aujourd'hui les masses comme avec l'armée du salut et d'autres analogues).

L'idéal ascétique n'a eu encore à faire face à aucune attaque réelle. Il n'existe encore aucun annonciateur résolu d'un nouvel idéal. Et pourtant depuis Copernic, la science a continuellement progressé en ravissant aux croyances antérieures fortement enracinées leur signification sans pourtant cesser de converger avec la foi. L'idéal ascétique trouve plutôt ses véritables ennemis dans les comédiens de l'idéal qui éveillent et entretiennent la suspicion à son égard.

Tant que l'absurdité des passions était ressentie comme une malédiction, elle donnait à l'idéal ascétique un sens : un sens qui ne faisait que qu'amener un flot renouvelé de souffrances avec lui mais qui était mieux que rien. Un nouvel idéal est en train de se former aujourd'hui qui voit plutôt dans la souffrance une condition de la vie et du bonheur et qui, au nom d'une nouvelle culture, conteste tout ce que nous avons appelé tel jusqu'à présent.

- 6 -

Il existe parmi les œuvres de Nietzsche un livre étrange qui porte le titre *Ainsi parlait Zarathoustra.* Il consiste en quatre livres écrits dans les années 1883-85, chaque partie correspondant à une période de dix jours, séparée par de longs intermèdes - « *sous le sentiment de l'inspiration qui fut accordée à l'auteur pour chaque phrase* » - ainsi que l'écrivit Nietzsche dans une lettre personnelle.

La figure principale et la forme même du récit est empruntée à l'*Avesta* des Perses. Zarathoustra est le fondateur mythique de la religion des zoroastriens comme nous avons coutume de dire. Sa religion est une religion de la pureté; sa sagesse est légère et libre comme une danse qui débuta aussitôt après sa naissance; son essence est la lumière et la clarté. L'aigle et le serpent, les deux animaux qu'ils gardent auprès de lui dans sa caverne, le plus fier et le plus habile des animaux, sont des vieux symboles perses.

Cet ouvrage contient si l'on peut s'exprimer ainsi la propre doctrine de Nietzsche sous la forme de la religion. C'est le *Coran* ou plus exactement L'*Avesta* qui ont inspiré le ton du livre - sombre et profond, altier et éloigné de la réalité, prophétique et ivre d'avenir, empli à satiété de son créateur, qui est à nouveau empli de lui-même

Parmi les livres modernes qui ont adopté ce ton et employé un tel style symbolique-allégorique, on peut mentionner *Le livre des pèlerins polonais* de Mickiewicz, *Anheli* de Slowacki et à nouveau, le livre de Mickiewicz influencé par Lamennais, *Parole d'un croyant*. Mais tous ces livres sont bibliques dans leur langage, Zarathoustra par contre est un livre édifiant pour esprits libres.

Nietzsche lui-même place cette œuvre au sommet entre tous ses écrits. Je ne partage pas cette conception. L'imagination qui en est la source n'est pas suffisamment plastique et créatrice de formes et une certaine monotonie n'est pas séparable de ce style ancien dans les formes dans lesquelles se meut la présentation.

Il s'agit cependant d'un livre qu'il est bon de faire valoir à ceux qui ne peuvent maîtriser les œuvres philosophiques de Nietzsche et qui contient toutes ses pensées fondamentales sous une forme d'exposition poétique. Sa qualité est le style qui, du premier au dernier mot, est très expressif, profond et puissamment évocateur. Le livre est parfois peu convaincant dans ces jugements et préjugés contestables quoiqu'ils soient toujours l'expression de la joie et de l'ivresse, riches en finesses et en contradictions. Derrière ce style se cache une atmosphère analogue à une grande accalmie dans l'air montagneux qui est si léger et si éthéré qu'aucune matière ne peut s'y trouver ni aucune bactérie s'y complaire - et nul sentier ne peut y mener ni rien de ce qui trouve en bas dans les plaines s'y rencontrer.

Le ciel pur au dessus, la mer ouverte au pied des montagnes et encore au delà, un ciel lumineux, un abîme de lumière, une cloche d'azur se voûtant sans un bruit sur des eaux mugissantes et de puissants gouffres. Là haut, Zarathoustra se trouve en accord avec lui-même, respirant dans la plénitude l'air pur d'une inspiration profonde; Il est un avec le soleil levant, avec l'ardeur du soleil du midi qui ne diminue en rien la fraîchœur, un avec les étoiles scintillantes qui parlent du fond de la nuit.

Zarathoustra est libre beau et profond. Un livre qui est lumière dans sa joie de vivre, obscurité dans son langage énigmatique, un livre pour des montagnards spirituels et autres aventuriers, pour les rares esprits qui sont pénétrés du grand mépris des masses, qui détestent le fourmillement. Ils sont également animés du plus grand amour de l'humain qu'ils haïssent d'autant plus profondément qu'ils voient planer devant eux l'image d'une humanité plus élevée, plus fière, qu'ils aiment par avance et veulent éduquer.

Zarathoustra est descendu de sa caverne dans la montagne par lassitude du bonheur médiocre et des petites vertus. Il a vu que la doctrine des hommes en ce qui concerne la vertu et du bonheur les amoindrir sans cesse davantage. La plupart du temps, leur bonté tient seulement à ce qu'ils veulent que personne ne leur fasse du mal. C'est pourquoi en faisant quelque chose de bien, ils s'intéressent aux autres par calcul. Mais cela n'est qu'hypocrisie et froide vertu. Ils nuisent et s'en prennent volontiers à ceux qui ont une quelconque valeur et dont l'on ne peut s'approcher sans crainte. Ils appellent cela bravoure qui n'est qu'une lâcheté plus grande encore. Mais lorsque Zarathoustra veut chasser ces diablotins paresseux de chez les hommes, ces derniers s'écrient à son encontre : Zarathoustra est impie.

Il est solitaire car tous ses disciples antérieurs lui sont devenus étrangers; les jeunes cœurs sont devenus vieux et non seulement vieux mais fatigués et las, ordinaires - ainsi s'appellent ceux qui sont redevenus pieux :« *ils voletaient autour de la lumière et de la liberté comme des insectes et de jeunes poètes et déjà ils sont des hommes de l'ombre* ». Ils ont compris leur époque. Ils ont bien choisis le temps et l'heure. « *Car maintenant les oiseaux de nuit reprennent leur vol. L'heure a sonné pour toutes les créatures qui détestent la lumière* ».

Zarathoustra abhorre la grande ville comme s'il s'agissait d'un enfer pour les penseurs solitaires. « *Tous les vices et tous les défauts y ont leur demeure; mais là réside aussi la vertu, une vertu très prisée et fort considérée...* »

Et Zarathoustra déteste l'État, il exècre comme Henrik Ibsen dans le nord et plus profondément que lui encore.

Selon lui, l'État est le plus froid des monstres froids. Son mensonge fondamental tient à ce qu'il est le peuple. Non car ce sont les esprits créateurs qui ont formé le peuple et lui donnant foi et amour. C'est ainsi qu'ils servirent la vie; chaque peuple est particulier, mais l'État est le même partout. L'État est pour Zarathoustra là « *où le long suicide de tous est appelé vie* ». L'État est partout de trop. C'est seulement là où l'État cesse que l'homme commence, l'homme en effet qui n'est pas superflu et qui est un pont vers le surhumain.

Loin des états, Zarathoustra est retourné dans la montagne, dans sa caverne.

Car c'est dans la honte et la pitié que se trouvent les plus grands dangers selon lui. Riche des médiocres mensonges de la pitié, il a vécu parmi les hommes : « *harassé de mouches venimeuses et miné par par d'innombrables gouttes de méchanceté comme une pierre peut l'être, je me tenais au milieu d'eux et me disait : tout ce qui est petit est innocent dans sa passion ? En particulier ceux que l'on nomme les bons qui mentent en toute innocence, comment pourraient-ils être bons avec moi ? Celui qui vit parmi les bons, s'afflige de la pitié de mentir. La pitié exhale un air corrompu pour toutes les âmes libres. Car la bêtise du bien est inépuisable...* »[26]

Et avec ses animaux, il respira à nouveau la liberté de la montagne. Ce qui gênait sa respiration est maintenant libéré des relents de tout ce qui est humain. Zarathoustra est maintenant assis avec les vieilles tables brisées de la loi et parmi les fragments des nouvelles, il attend maintenant son temps, le temps ou le lion viendra avec un essaim de colombes et la force avec douceur, pour lui rendre hommage. Et il tendra aux hommes une nouvelle table sur laquelle se trouve écrit des préceptes tels que ceux-ci :

N'épargne pas ton prochain ! le grand amour du lointain le commande. Le prochain est quelque chose qui doit être dépassé.

Ne dis pas : je fais à autrui ce que je voudrais que les autres me fasse. Ce que tu fais, personne ne peut le faire pour toi. Il n'existe pas de réciprocité.

Ne crois pas que tu ne dois pas rejeter une justice que tu peux t'octroyer, tu ne dois jamais te la faire offrir.

Ne te risque pas auprès des hommes bons. Ils ne disent jamais la vérité. Car tout ce qu'ils appellent mauvais - la grande suspicion, la longue défiance, le non cruel, le profond discord avec les hommes, la capacité et la volonté de trancher dans le vivant, doit exister partout où une vérité va naître.

Tout ce qui est passé est louable. Mais s'il en va ainsi, pourrait-il arriver que la plèbe devienne le maître et étouffe tout ce qui est dans ses mains flasques ou bien qu'un seigneur s'empare de tout. C'est la raison pour laquelle nous avons besoin d'une nouvelle noblesse qui soit l'opposé de toute plèbe comme de tout domination violente et qui écrive sur de nouvelles tables

26- Brandes semble ici condenser le texte de Nietzsche (*Zarathoustra I, les mouches de la place publique*) dans un extrait qui n'existe pas comme tel. Ce procédé revient souvent dans l'exposition de la doctrine de Zarathoustra dont il effectue à la fois la présentation et le résumé sans distinguer ses propres paroles de celles de Nietzsche.

le mot : noblesse. Certainement pas une noblesse qui peut être achetée ou une noblesse dont la vertu consiste dans l'amour de la patrie. Non pas, enseigne Zarathoustra; car vous devez être exilés du pays de vos parents et de vos ancêtres. Ce n'est pas un tel pays que vous devez aimer, mais le pays de vos enfants. Cet amour, c'est la nouvelle noblesse - l'amour d'une nouvelle terre, encore incognita, qui se trouve plus loin que l'horizon sur la mer lointaine. C'est pour ces enfants que vous devez justifier jusqu'au malheur d'être leur père. Vous devrez vous délivrer de tout le passé de cette manière.

Zarathoustra est empli de compassion. Certains ont dit : tu ne dois pas rompre un mariage. Zarathoustra enseigne : les justes doivent se dire l'un à l'autre « essayons de voir si nous pouvons demeurer chers l'un à l'autre, exposons nous à la tentation pour voir si nous désirons d'autres tentations ». Ce qui ne peut se plier brise. Une femme dit un jour à Zarathoustra : c'est vrai, j'ai rompu mon mariage, mais c'est lui qui m'a brisé et anéanti en premier.

Zarathoustra est sans pitié. On dit : ne restez pas auprès de la voiture qui s'arrête. Mais Zarathoustra dit : ce qui s'apprête à tomber, vous devez l'arrêter. Tout ce qui de nos jours tombe décline. Nul ne peut le retenir. Mais Zarathoustra veut encore l'arrêter.

Zarathoustra aime les braves. Mais non pas la bravoure qui défend toute attaque. Il y a souvent plus de bravoure dans la retenue et l'oubli afin de se préserver en vue d'ennemis plus valeureux. Zarathoustra n'enseigne pas : vous devez aimer vos ennemis ! mais : vous ne devez pas vous engager dans des combats avec des ennemis que vous méprisez.

Pourquoi être si dur ? s'écrient les hommes à Zarathoustra ? Il répond : pourquoi si dur, répond le verre au diamant, ne sommes nous pas de la même espèce et étroitement apparentés ? - Ceux qui produisent de nouvelles valeurs sont durs. Leur bonheur est d'imprimer leurs mains sur les siècles à venir comme sur de la cire.

Aucune doctrine n'a mené Zarathoustra plus loin que celle qui traite de la vanité de la vie et de l'absence de sens. Ce n'est là à ses yeux que vieilles lamentations et rabâchages de vieilles femmes. Quant à la considération des pessimistes que le bilan de la vie se résume dans la prépondérance des déplaisirs comme leur vision de l'égalité de l'existence, elle est l'objet de sa plus grande aversion. Il préfère le tourment à l'anéantissement.

C'est le même amour enthousiaste de la vie qui est exprimé dans *l'Hymne à la vie* qui a été écrit par l'amie de Nietzsche, Lou von Salomé et qu'il a transposé pour chœur et orchestre. On y lit :

Crois moi ! c'est ainsi que l'ami aime l'amie,
et c'est ainsi que je t'aime, vie, dans ta force
pleine de mystère !
Tu me signifies la joie et la souffrance

que j'ai pleuré ou que je me sois réjoui.
Je t'aime avec tout ton chagrin et ton plaisir,
et quand tu aspires la chaleur de mon sang,
je m'arrache inquiète de tes bras
comme l'ami se détourne du sein de l'amie

Et le poème s'achève ainsi :

Et si tu n'as plus aucun joie à dispenser,
tu peux encore me donner tes souffrances.

Lorsqu'Achille préfère être un guerrier sur terre plutôt que roi dans le royaume des ombres, l'expression est faible en comparaison de l' irruption de cette soif de vivre qui se suffit elle-même.

Edouard von Hartmann croit à l'origine et à la fin du cours du monde. Il conclut qu'aucune éternité ne peut se trouver derrière nous; car autrement, toutes les possibilités devraient avoir été effectuées ce qui, d'après son affirmation, n'est pas le cas. Sur ce point, mais en opposition radicale à lui, Zarathoustra professe la mystique - au demeurant vide - qui provient de la vieille représentation pythagoricienne du cycle de l'histoire et qui est évoquée par le prophétisme juif, du retour éternel, ce qui veut dire : que toutes les choses reviendront éternellement et que nous mêmes, nous avons déjà été et toutes les choses avec nous. La grande Heure du monde est pour lui un sablier qui se retourne continuellement pour continuer encore et encore. C'est l'exacte inversion de la doctrine de Hartmann du déclin du monde et elle a été de manière significative exprimée par deux penseurs français, Blanqui (*L'éternité par les astres*, 1871) et Gustave Le Bon (*L'homme et les sociétés*, 1881).

Zarathoustra veut dire par sa mort : maintenant, je disparais et je meurs; dans un instant, je ne serais plus rien car l'âme est mortelle comme le corps : mais le nœud de causes dans lequel je suis enchevêtré reviendra et me reproduira éternellement.

À la fin de la troisième partie de Zarathoustra se trouve un chapitre intitulé *La seconde chanson à danser*. La danse est toujours l'expression dans le langage de Nietzsche d'un état d'âme élevé qui s'est emporté au dessus de la pesanteur terrestre et de son sérieux imbécile. Ce chant au plus haut point remarquable du point de vue du langage est une bonne preuve du style de cette œuvre lorsqu'elle prend son envol poétique vers les sommets. Zarathoustra voit la vie devant lui telle une femme; elle joue des castagnettes et il danse avec elle, entrelaçant toute sa colère et tout son amour à la vie:

« *J'ai plongé récemment mon regard au fond de tes yeux o vie ! j'ai vu scintiller l'or au fond de tes yeux ténébreux - et mon cœur, de désir, a cessé de battre. J'ai vu scintiller une barque d'or sur les eaux nocturnes, une barque d'or qui plongeait, s'emplissait et réapparaissait toujours. Tu as abaissé ton regard sur mes pieds ivres de danse un regard mobile, rieur, interrogateur, caressant. Deux fois seulement tes petites mains ont agité les castagnettes en rythme que déjà mon pied s'élançait, en proie à l'ivresse de la danse (...) Je te crains proche, je t'aime lointaine - en fuyant, tu m'attires - quand tu me cherches tu me figes - je souffre, mais que ne souffrirais-je volontiers pour toi ! Ta froideur enflamme, ta haine conquiert, ta fuite enchaîne, ton ironie émeut ? Qui ne te haïrait pas, toi grande enlaceuse, tentatrice, chercheuse et inventrice. Qui ne t'aimerai, pécheresse innocente, impatiente et rapide comme le vent avec tes yeux d'enfants ?* »[27]

Dans cette conversation entre la vie et son amant, la danseuse et son cavalier, se murmurent les mots : O Zarathoustra, tu m'aimes de loin et de manière si élevée comme tu dis, tu ne m'es pas encore assez fidèle. Il existe un vieux son de carillon. Il résonne la nuit jusqu'à l'entrée de ta caverne. Si tu entends la cloche à minuit, tu penseras déjà à midi que tu vas bientôt m'abandonner.

Et ainsi résonne en guise de fin la vieille chanson. Dans la quatrième partie de l'œuvre cependant, la partie intitulée *Chant du somnambule*, cette courte strophe est reprise et commentée presque ligne à ligne. Tel un lai médiéval ou un psaume mystique, elle contient la disposition d'esprit riche en mystère de la doctrine de Nietzsche telle qu'elle se condense

27- Ainsi parlait Zarathoustra, la seconde chanson à danser (le texte de Nietzsche est ici traduit à partir de la présentation qu'en fait Brandes en danois).

en une courte formule : minuit s'approche, et d'une manière aussi effrayante et intérieure que la cloche de minuit parle à Zarathoustra, il s'adresse ainsi aux hommes supérieurs. On entend beaucoup sur le coup de minuit comme si le jour n'osait pas se faire entendre. Et minuit parle : *O homme, fais attention !*

Comme au bord de la margelle du temps, il semble que je sombre dans un puits profond. Le monde dort. Et l'on entend une voix qui demande : qui deviendra le seigneur de la terre ? *Que dit la profonde nuit ?*

La cloche résonne, le serpent de l'arbre pique, le serpent du cœur ronge : Ah, le monde est profond.

Mais la vieille cloche est un instrument aux riches sonorités; tous les tourments l'ont mordu au plus profond du cœur, comme les souffrances des pères et des ancêtres; et tous les bonheurs l'ont mis en mouvement, ceux des pères et des aïeux - il monte de la cloche un parfum d'éternité, un profonde senteur de rose de vieux bonheur, et ce chant : le monde est profond *et plus profond encore que tu ne penses*.

Je suis trop pur pour les mains sales du temps. Les plus purs doivent devenir les maîtres de la terre, ceux qui ne sont pas reconnus, les plus forts, les âmes de minuit, qui sont plus pures et plus profondes que n'importe quel jour; *votre peine est profonde*.

Mais le plaisir va plus profond que la peine du cœur. Car la peine dit : brise-toi mon cœur ! Vole ma douleur ! *la peine dit : passe !*

Cependant hommes supérieurs : si vous dites parfois oui à une joie, dites le aussi à la souffrance. Car la joie et la peine sont étroitement liées, éprises l'une de l'autre, inséparables. Et tout recommence à nouveau, tout est éternel. *Toute joie veut l'éternité, veut la profonde, profonde éternité.*

Et voici ce chant de minuit :

« Oh Mensch ! gieb Acht!
was spricht die tiefe mitternacht ?
Ich schlief, Ich schlief -
Aus tiefem Traum bin ich erwacht.
Die Welt ist tief
Und tiefer als der Tod gedacht.
Tief ist ihr Weh
Lust -tiefer noch als Herzleid
Weh spricht : vergeh !
Doch alle Lust will Ewigkeit -
- will tiefe, tiefe Ewigkeit! ».

- 7 -

Nietzsche est à la fois le mystique, le poète et le penseur contestable, un immoraliste qui ne peut se lasser de prophétiser. Lorsque qu'on aborde sa pensée à partir des philosophes anglais, on se trouve comme transporté dans un autre monde. Les anglais sont dans l'ensemble des esprits patients dont l'essence intime est de partir du rassemblement et de la comparaison d'une masse de petits faits à laquelle il s'agit de trouver une loi. Les meilleurs d'entre eux sont des esprits aristocratiques[28]. Peu d'entre eux captivent personnellement ni ne paraissent encore très consistants en tant que personnes. Ils le sont davantage dans ce qu'ils font que dans ce qu'ils sont. Nietzsche est en revanche (comme Schopenhauer) une énigme, un prophète, un artiste, moins passionnant par ce qu'il fait que par ce qu'il est.

Aussi peu allemand que Nietzsche se sente, il continue néanmoins la philosophie allemande idéaliste à l'orientation immédiatement reconnaissable et il possède la profonde répugnance instinctive des penseurs allemands à l'égard

28- *Aristokratiske Hoveder.*

de tout point de vue utilitariste. Dans la forme passionnelle prise par sa pensée aphoristique, il est absolument singulier. En ce qui concerne le contenu même de sa pensée, il évoque partiellement beaucoup d'esprits analogues tant en Allemagne qu'en France. Il tient cependant pour une évidente absurdité de devoir quelque chose à un contemporain et s'emporte comme un allemand à l'encontre de tous ceux qui lui ressemblent sur tel ou tel point.

Il est pourtant émouvant de voir à quel degré il fait penser à Ernest Renan dans sa conception de la culture et dans son espoir d'une noblesse de l'esprit qui pourrait devenir les seigneurs de la terre. Il n'en a pas pour autant le moindre mot de reconnaissance pour Renan.

Il est de même touchant de voir qu'il ait eu Edouard von Hartman comme précurseur dans son combat contre la morale de la pitié de Schopenhauer. Il ne voit dans cet auteur, dont le talent est incontestable même si sa signification n'atteint pas un rang extraordinaire, qu'un vulgaire charlatan à la manière universitaire allemande et cela, en toute injustice. Pourtant la nature de Hartmann est composée de matériaux plus pesants que celle de Nietzsche. Il est arrogant, auto-complaisant, fondamentalement allemand[29] et finalement en contradiction avec le métissage nietzschéen d'esprit français et méridional. Mais il existe de nombreux points de ressemblance entre les deux dépendant en grande partie des conditions historiques qui les ont vus naître tous les deux.

Il existe en premier lieu quelque chose de commun dans leur conception de la vie[30] dans la mesure où tous deux sont passés

29- *Grund germansk.* Rappelons que la guerre germano-danoise n'était pas loin dans les esprits et que les danois avaient eu fort à faire avec le nationalisme allemand dans les années 1860 (la question du Schleswig dont une partie importante fut annexée par l'empire). Nietzsche semble subir par contre-coup les effets de cet impérialisme allemand dont il est fondamentalement un acteur selon Brandes.

30- *Livsstilling* : position à l'égard de la vie.

en tant qu'artilleurs dans une école similaire et partant dans leur formation, et qu'ils voulurent tous les deux s'émanciper de Schopenhauer en conservant une grande admiration pour Hegel, un point qui réunit les deux frères ennemis dans une commun respect. Ils s'accordent également en outre dans leur rapport étranger à la religiosité chrétienne ainsi que dans leur si moderne mépris allemand envers toute puissance du peuple[31].

Nietzsche ressemble à Hartmann dans son attaque des socialistes et des anarchistes, bien que la conception de Hartmann soit plus scientifique alors que celle de Nietzsche, d'une manière fort désagréable, se complaît à parler des « chiens anarchistes » et cela dans le même esprit que celui qu'il nourrit dans sa répulsion de l'État. Nietzsche ressemble aussi à Hartmann dans son insistance à montrer l'impossibilité des idéaux d'égalité et de paix dans la mesure où la vie est en partie guerre et inégalité. « *Qu'est-ce qui est bon ? Il est bon d'être brave. Ce n'est pas une bonne cause qui ennoblit la guerre mais la guerre qui consacre toutes les causes* ». Comme son prédécesseur, il en reste à la nécessité du combat pour la puissance et du bénéfice culturel présumé de la guerre.

Chez ces penseurs relativement indépendants l'un de l'autre, l'un qui est un philosophe mystique de la nature, l'autre un immoraliste mystique, se reflète le militarisme hégémonique du nouvel empire allemand. Hartmann se rapproche en bien des points du sentiment bourgeois nationaliste allemand. Nietzsche reste en principe en conflit aussi bien avec le nationalisme qu'avec l'homme d'état « *qui a édifié pour les allemands une nouvelle tour de Babel, une créature monstrueuse faite d'espace et de puissance et qui est appelé pour cette raison, grand* ». Quelque chose de l'esprit de Bismarck n'en demeure pas moins présent dans les deux œuvres. En ce qui concerne la question de la guerre, la différence entre eux tient seulement

31- *Folkevaelde.*

à ce que Nietzsche ne souhaite pas la guerre en raison d'une fantastique solution mondiale mais pour que la multiplicité ne disparaisse pas du monde.

Nietzsche s'accorde également avec Hartmann en ce qui concerne le mépris de la femme et la vanité de sa libération mais seulement pour qu'ils se réfèrent à Schopenhauer dont Hartmann se fait ici l'écho. Mais tandis que Hartmann n'est qu'un doctrinaire moralisateur avec un revêtement de pédanterie, on flaire chez Nietzsche sous ses attaques à l'encontre du sexe féminin un sens très fin du danger de la femme à travers des allusions personnelles à une expérience douloureuse. Il ne semble pas avoir connu beaucoup de femmes mais celles qu'il a connu, il les a visiblement aimées et haïes et visiblement peu estimées. Il en revient sans cesse à la libre et géniale incompatibilité du génie avec le mariage. Il existe en maints endroits de son œuvre dans son expression une touche personnelle, en particulier en tout ce qui touche à la nécessité d'une vie solitaire pour le penseur. Mais en ce qui concerne les raisonnements moins personnels sur les femmes, c'est plutôt la vieille Allemagne qui parle tant à travers Nietzsche que Hartmann, un pays en effet où les femmes, contrairement à ce qui se passe en France et en Angleterre, ont toujours été consignées à une stricte vie privée et domestique. On peut cependant en général comprendre chez ces deux penseurs une vue pour la contradiction profonde et la guerre incessante entre les sexes que Stuart Mill, pour sa part, n'a ni vue ni comprise. Mais il est cependant infiniment préférable de prendre à meilleur compte l'injustice à l'égard de l'homme et l'image quelque peu fade de la femme qui soutiennent l'entreprise admirable de libération de Stuart Mill que la brutale incompréhension de Nietzsche qui affirme que nous devons, en ce qui concerne notre manière de traiter les femmes en revenir « *à la monstrueuse raison de l'Asie* ».

Nietzsche a fondamentalement trouvé comme prédécesseur dans son combat contre le pessimisme Eugen Dühring (voyez en particulier son livre *La valeur de la vie*) et cette circonstance semble lui avoir inspiré une telle aversion et une amertume si réelle qu'il l'a tantôt dissimulé et tantôt estampillé de son propre sceau. Dühring est pour lui une sorte de bouc-émissaire à la fois comme plébéien, comme antisémite, comme apôtre de la vengeance et disciple des anglais et de Comte. Mais Nietzsche n'a aucun mot pour ce qu'il possède de véritablement significatif et ne rentre guère sous ses déterminations. On comprend cependant fort bien lorsque l'on pense au propre destin de Nietzsche que Dühring, l'homme aveugle, le penseur oublié, qui méprise l'homme de science officiel, le philosophe qui se tient en dehors de l'université et qui, bien que la vie ne l'ait nullement gratifié, lui témoigne de son amour - n'ait jamais été pour Nietzsche que sa propre caricature. Ce n'était cependant en aucune manière la raison pour laquelle il s'en est pris au ton prophétique de Dühring. Et l'on doit l'accorder : Nietzsche est fondamentalement ce qu'il a voulu être - un noble polonais, un honnête homme du monde européen et un penseur cosmopolite mais il est un point où il est et demeure un professeur allemand : dans l'emphase méprisante où la haine non maîtrisée des rivaux donne sa pleine mesure alors même qu'il n'en eut d'autres en tant que philosophe moderne allemand que dans la personne de Hartmann et de Dühring.

Il est étonnant que cet homme qui a tant appris des moralistes et psychologues français tels que La Rochefoucault, Chamfort et Stendahl ait su s'approprier si peu de leur maîtrise de la forme. Il n'a pas été assujetti à la contrainte que le ton littéraire impose en France à chacun à l'égard de la conversation et la présentation de sa propre personne. Il semble n'avoir longtemps lutté que pour se trouver lui-même et devenir intégralement soi-même. Pour le faire, il dut regagner sa solitude comme

Zarathoustra sa caverne. Alors qu'il parvenait à atteindre un développement autonome et qu'il sentait la particularité de son mode de pensée affluer dans son intériorité, il avait perdu toute mesure extérieure de sa propre valeur : tous les ponts avec le monde extérieur étaient coupés. Il prit congé de toute forme de reconnaissance extérieure; il ne vivait que de son propre sentiment de lui-même. La première lueur de reconnaissance venu de l'extérieur donna à ce sentiment une pression plus élevée encore. Finalement, il s'y brisa et son magnifique et si singulier esprit s'obscurcit.

Celui qui vient à l'instant d'être caractérisé dans l'œuvre inachevée de sa vie est encore un écrivain digne d'être étudié.

J'ai particulièrement porté mon attention sur lui parce qu'il me semblait que la littérature du nord manquait de penseurs qui avaient surgi et fait leurs preuves dans les années 1880. Tout se passe comme si la faculté d'embrasser des idées géniales avait décrue, oui comme si la réceptivité à leur encontre était en train de disparaître. On ressasse sempiternellement les mêmes doctrines, les mêmes théories de l'hérédité, un peu de darwinisme, un peu de libération de la femme, un peu de morale du bonheur, un peu de libre-pensée, un peu d'adoration du peuple etc... Et en ce qui concerne la culture de nos personnalités « cultivées », le péril vient de ce que les couches supérieures, ainsi que l'avait noté le journal français *La Revue des deux mondes*, marquent la fin de la culture pour ceux qui sont au plus au point cultivés. Il ne semble pas encore que la seule culture réelle, la plus fine et la meilleure commence de l'autre côté de la *Revue des deux mondes* dans la grande personnalité féconde en idées.

Le développement spirituel nordique dans le domaine de la littérature s'est effectué relativement rapidement. Nous avons vu de grands poètes qui commencèrent par être orthodoxes en toute fidélité avant de s'y échapper. Cela est très honorable mais dans les cas où ils ne peuvent s'élever plus haut, c'est aussi un mouvement un peu vide. Au cours des siècles, il paraissait à beaucoup de poètes et d'auteurs nordiques qu'il ne s'agissait pas d'aller plus loin avec un poème que la Confession d'Augsbourg. Certains la laissèrent tranquillement de côté, d'autres firent une opposition plus ou moins tapageuse à son encontre et la plupart de ceux qui l'abandonnèrent se retranchèrent au delà du public et partiellement, au dessus de leur mauvaise conscience morale d'enfant en récompense de leur morale protestante jadis si ferme et que j'appellerai aujourd'hui passablement bourgeoise et réchauffée comme une bonne soupe

Malgré tout et tel est le point décisif, l'attaque portée contre les jugements dominants et la défense des institutions en vigueur menacent de sombrer avec le temps dans la même banalité et la même usure.

On veut, à ce que je crois, avoir à nouveau d'emblée l'impression vivante que l'art ne peut pas se contenter d'idées et d'idéaux pour la moyenne et des fins médiocres, de la même manière que l'on ne peut plus se satisfaire d'impressions du vieux catéchisme : le grand art exige désormais des esprits qui, tant dans leur singularité que leur autonomie et leur noble caractère, se tiennent au niveau des grandes personnalités de la pensée contemporaine.

III

CORRESPONDANCE AVEC NIETZSCHE

Annexe à : *F. Nietzsche, le radicalisme aristocratique* (Deuxième partie), Décembre 1899, comprenant la correspondance intégrale de G. Brandes et de F. Nietzsche 1887-1889 (in :Samlede Vaerker VII, Gyldendalske boghandel Forlag, Hegel og Søn, 1901)

Plus de dix ans ont passés depuis que j'ai attiré pour la première fois l'attention sur Frédéric Nietzsche. Mon article *Le radicalisme aristocratique* était le premier grand essai qui fut jamais écrit en Europe sur un homme dont le nom a depuis fait le tour de la terre et à ce moment même, il compte parmi les penseurs les plus célèbres. Le philosophe presque inconnu et au nom rarement mentionné est devenu en l'espace de quelques années le philosophe à la mode dans tous les pays européens. Au même moment, le grand homme qui avait si passionnément désiré les faveurs du monde a vécu, et vit encore, sans la moindre idée de ce qu'il a suscité, comme un cadavre vivant, coupé du monde par une folie incurable.

Issu d'une patrie qui, aussi longtemps qu'elle le retint en son pouvoir, ne lui témoigna pas la moindre reconnaissance, ses écrits ont maintenant pénétrés le monde entier. Même en France qui exclut pourtant toute influence étrangère, surtout allemande, sa personnalité et son œuvre sont de plus en plus étudiées et présentées. Il s'est constitué, tant en Allemagne qu'à l'extérieur, une sorte d'école qui se réclame de son nom et le compromet souvent ou plutôt elle-même, assez fortement. Du côté des opposants, il a été rapidement combattu (comme par Ludwig Stein) d'une manière sérieuse et scientifique, quoique à partir de présupposés pédagogiques étroits, soit avec des armes vulnérables (comme celles de Max Nordau), soit avec la supériorité que confère seule la plate médiocrité.

Des articles et des livres intéressants ont été écrits en allemand par Peter Gast et Lou Salomé, par Henri Lichtenberger en français et plus récemment par la propre sœur de Nietzsche. Elisabeth Förster-Nietzsche, n'a pas seulement une livré une remarquable édition de ses œuvres complètes (où figurent également des écrits de jeunesse), mais elle a écrit sa biographie dont deux volumes ont paru jusqu'à présent, retraçant le cours de sa vie jusqu'à 1879.

Mon ancien essai sur Nietzsche est depuis longtemps dépassé par des travaux plus récents qui peuvent déjà présupposer l'activité de Nietzsche connue et qui peuvent se plonger dans ses écrits sans pour autant communiquer simultanément leur contenu. Cet essai a donné l'occasion, comme on s'en souvient peut-être, à un échange verbal entre le Professeur Høffding et moi-même, grâce auquel j'ai eu la possibilité d'exprimer plus précisément mes propres conceptions et d'exposer sous quels rapports elles convergent avec Nietzsche et dans quelles directions elles en divergent fortement[1]. Comme mes propres idées polémiques n'ont cette fois guère été traduites dans d'autres langues, elles n'ont pu être prises en considération nulle part.

Le premier essai, qui avait été en revanche aussitôt traduit, m'a valu une longue série d'attaques formulée de manière tout à fait stéréotypées. Dans l'article d'un suédois germanisé passant volontiers pour pure méchanceté, j'ai été calomnié parce que j'avais rompu dans cet essai avec mon passé et délibérément renié les penseurs et les idées libérales que j'avais auparavant défendu. Ce qu'il aurait plutôt fallu blâmer et reconnaître chez moi, c'est que je m'étais fait par deux fois dans ma vie l'avocat d'idées allemandes, la première fois dans ma jeunesse avec Hegel, la seconde dans ma maturité avec Nietzsche. Dans le livre d'un lamentable charlatan allemand de Paris, Monsieur Nordau, j'ai eu l'occasion d'apprendre que si des parents danois avaient seulement l'idée de ce que leurs enfants apprenaient réellement à l'université à Copenhague, ils me mettraient à mort dans la rue - un appel direct au meurtre. Cela est d'autant plus comique que l'accès à mes conférences a toujours été ouvert à chacun, que la plus grande partie a été publiée et que les parents en avaient déjà de leur temps entendu parler. On raconte encore qu'après avoir été un disciple de Stuart Mill,

1- Il s'agit de l'article de Harald Høffding intitulé *Le radicalisme démocratique.*

je me suis jeté mon propre passé à la figure en me présentant comme un disciple de Nietzsche. Cette dernière présentation a été par la suite réitérée dans le livre puéril d'une dame viennoise qui, sans la moindre idée des rapports réels existants, se pique d'écrire sur la littérature nordique pour le public allemand. Cet affolement ne s'est pas arrêté et cette année encore, monsieur Alfred Ipsen a enrichi l'*Athenaeum* anglais d'aperçu sur la littérature danoise sans que l'impartialité fasse véritablement partie de ses vertus.

Au delà de ces affirmations sans cesse réitérées à l'étranger, qu'il me soit permis encore une fois de constater ce que j'avais déjà montré dans *L'observateur* en 1890[2], à savoir que mes conceptions fondamentales n'ont pas été le moins du monde modifiées par ma relation avec Nietzsche. Lorsque je fis sa connaissance, j'avais largement dépassé l'âge où l'on peut changer sa propre vision fondamentale de la vie. J'ai d'ailleurs fait valoir à l'encontre de mon adversaire danois que ma première pensée au sujet d'un livre philosophique n'est pas du tout de savoir si ce qui se trouve en lui est vrai ou faux : « *je traverse le livre pour remonter jusqu'à l'homme. Ma première question est celle-ci : est-il intéressant ou non ? Et s'il l'est, ses livres sont indubitablement dignes d'être connus. Les questions au sujet de la vérité et de la fausseté se portent rarement dans les hautes sphères spirituelles et leurs réponses sont souvent relativement peu significatives. Les premières lignes que j'ai écrit sur Nietzsche disaient précisément qu'il méritait d'être étudié et combattu. Mais je prends plaisir à le lire comme je me réjouis de toute individualité forte et exceptionnelle* ». Trois ans plus tard, je répondis à une attaque d'un professeur suisse honnête et compétent qui avait étiqueté Nietzsche comme réactionnaire et cynique et ses doctrines comme étant au plus haut point dangereuse avec ses mots :

2- *Tilskueren* (1890), p. 259.

« *Les lecteurs avertis n'étudieront pas Nietzsche avec l'arrière-pensée d'accepter ses idées et encore moins de faire de la propagande pour elle. Nous ne sommes pas des enfants qui recherchent une instruction, mais des sceptiques qui cherchent des hommes et nous nous réjouissons quand nous en avons trouvé un - ce qui est le plus rare* ».

Il me semble que ce n'est précisément pas un langage de disciple et que l'on pourrait à l'égard de la réfutation de ces idées m'épargner la rudesse de tels propos. Il est fastidieux de devoir réfuter toutes les affirmations qui sont publiées toute l'année contre vous dans la presse européenne. Quand il n'est pas écrit un seul mot de raisonnable sur vous, on éprouve périodiquement le besoin de se justifier devant soi-même.

Ma relation personnelle avec Nietzsche débuta lorsqu'il m'envoya son livre *Par delà le bien et le mal*. Je l'ai lu, j'en ai gardé une forte impression quoique indéterminée et multiple, et je n'ai pas réagi à la parution du livre parce que je recevais quotidiennement trop de livres pour pouvoir le remercier. Mais lorsque l'auteur me fit parvenir l'année suivante *La généalogie de la morale*, le livre n'en devint pas seulement beaucoup plus clair mais il se présentait sous un nouvel éclairage et je remerciais son auteur par quelques lignes. Il s'en suivit une correspondance qui fut interrompue par la maladie mentale de Nietzsche quelques mois plus tard.

Les lettres qu'il m'envoya dans les dernières années de sa vie spirituelle me semblent être d'un grand intérêt pour l'histoire de son âme et du cours de sa vie.

Les douze lettres de Nietzsche à Georg Brandes couvrent la période du 2 décembre 1887 au 4 juin 1889. Brandes les a lui-même numérotées de 1 à 12 et traduites en danois. Elles ont été publiées en annexe à la deuxième partie de ce texte.

- 1 -

À Georg Brandes,
Nice, le 2 décembre 1887

Cher Monsieur,

Quelques lecteurs que l'on honore pour soi, et sinon aucun lecteur - voilà ce qui dans les faits correspond à mes souhaits. En ce qui concerne la dernière partie de ces souhaits, je m'aperçois toujours davantage à vrai dire qu'ils demeurent insatisfaits. Et je suis très heureux pour le « *satis sunt pauci* », le *pauci* ne me fait pas défaut et ne m'a jamais manqué. Parmi ceux qui sont encore vivants, je mentionne (pour mentionner ceux que vous connaissez) mon excellent ami Jakob Burkhardt, Hans von Bülow, M. Taine, le poète suisse Keller ; parmi les morts, le vieil hégélien Bruno Bauer et Richard Wagner. Cela me fait une véritable joie qu'un *bon* européen et missionnaire de la civilisation tel que vous veuille désormais faire partie des leurs ; je vous remercie de tout cœur pour cette *bonne* volonté.

Sans doute aurez-vous là votre part de misère. Je ne doute personnellement pas que mes livres soient en quelque sorte « très allemands » ; vous allez à vrai dire éprouver cela bien plus fortement, habitué que vous êtes par vous-même, je veux dire par cette manière libre et d'une élégance toute française avec laquelle vous maniez la langue (une manière plus sociable comparée à la mienne). Bien des mots ont pris chez moi la teneur d'un autre sel et ont pour moi un tout autre goût que pour mes lecteurs : voilà qui ne me facilité pas la tâche. Sur l'échelle de mes expériences vécues et de mes dispositions, l'excédent est toujours du côté des plus rares, des plus lointaines et des tonalités les plus fines, et non des normales et des moyennes.

J'ai aussi (pour m'exprimer comme le vieux musicien que je suis en réalité) une oreille pour les quarts de ton. Pour finir - et c'est principalement ce qui rend mes livres obscurs - il y a en moi une méfiance envers la dialectique, même contre les raisons. Il me semble que ce qu'un homme est prêt ou pas encore prêt à tenir pour vrai a davantage trait au courage, au degré de force de son courage... (je n'ai que rarement le courage de ce que je sais vraiment).

L'expression « radicalisme aristocratique » dont vous vous servez est très bien. C'est, si je puis me permettre, le mot le plus judicieux que j'ai pu jusqu'à présent lire sur moi. Jusqu'où m'a déjà conduit cette manière de penser, jusqu'où me conduira-t-elle encore - j'ose à peine me l'imaginer. Mais il y a des chemins qui n'autorisent pas que l'on fasse machine arrière ; et ainsi je vais de l'avant, parce que je ne peux qu'aller de l'avant.

De mon côté, afin de ne rien omettre qui puisse vous faciliter l'accès à ma caverne, je veux dire à ma philosophie, mon éditeur leipzigois vous faire parvenir en bloc mes précédents livres. Je vous recommande tout particulièrement de lire les nouveaux avant-propos (ils viennent presque tous d'être réédités). Ces avant-propos pourraient, l'un lu à la suite de l'autre, peut-être apporter quelque lumière sur ma personne, à supposer que je ne sois pas obscur (obscur en moi et pour moi-) en tant qu'*obscurissimus obscurorum vivorum*...

Ce serait effectivement possible.-

Etes-vous musicien ? On vient de publier un hymne avec choeur et orchestre, un « *hymne à la vie* ». Ce dernier est destiné à être ce qui restera de ma musique, et à être un jour chanté « *à ma mémoire* » : en admettant cependant qu'il en reste suffisamment de moi. Voyez-vous avec quelles pensées posthumes je vis . Mais une philosophie comme la mienne est comme un tombeau - on ne vit plus *avec*. « *Bene vixit, qui bene latuit* » - C'est ce qui est inscrit sur la tombe de Descartes. Une épitaphe, pas de doute !

C'est aussi mon souhait de vous rencontrer un jour.

Votre Nietzsche

N.B. Je reste à Nice cet hiver. Mon adresse d'été est : Sils-maria, Haute-Engadine, Suisse. - J'ai renoncé à ma chaire de professeur à l'université. Je suis au trois-quarts aveugle.

- 2 -

À Georg Brandes,
Nice le 8 janvier 1888

Cher Monsieur,

Vous ne devriez pas vous opposer à cette expression « *missionnaire de la civilisation* ». En quoi peut-on aujourd'hui plus l'être que lorsque que l'on « évangélise » son incroyance en la civilisation ? Avoir compris que notre civilisation européenne était un problème monstrueux et absolument pas une solution - ce degré de recul sur soi, de dépassement de soi (*Selbstüberwindung*) n'est-il pas précisément aujourd'hui a civilisation même ?

Cela me surprend que mes livres ne soient pas encore entre vos mains. Je ne manquerai pas de le rappeler au bon souvenir de Leipzig. Aux alentours de Noël, Monsieur l'éditeur a pris l'habitude de perdre un peu ses esprits. Entre-temps, qu'il me soit permis de vous communiquer une audacieuse curiosité, disponible chez aucun éditeur, un inédit de moi, qui fait partie des choses les plus personnelles dont je suis capable. C'est la quatrième partie de mon Zarathoustra ; le titre le plus approprié au regard de ce qui précède et de ce qui doit suivre doit être

La tentation de Zarathoustra

Un interlude.

Peut-être répondrai-je ainsi le mieux possible à votre question touchant au problème de la pitié. En outre, cela a un certain sens d'accéder à moi par cette porte dérobée : à supposer que l'on passe par cette porte avec ses yeux et ses oreilles. Votre traité sur Zola m'a rappelé, comme tout ce que j'ai pu lire de vous (un petit essai dernièrement dans le *Goethe-Jahrbuch*) ce qu'il y avait de plus agréable dans vos dispositions naturelles, à savoir une certaine optique psychologique. Lorsque vous vérifiez les problèmes de calcul les plus difficiles, vous êtes tout autant dans votre élément qu'un érudit allemand y nagerai hors de son élément. Peut-être avez-vous une meilleure opinion des allemands aujourd'hui ? Il me semble qu'au fil des années ils deviennent plus lourds et plus obtus *in rebus psychologis* (exactement à l'opposé des parisiens chez qui tout devient nuance et mosaïque) et que tous les événements *les plus profonds* leur échappe. Par exemple mon *Par delà le bien et le mal* - dans quel embarras ne les a t-il pas mis ! Je n'ai pas eu vent d'un seul mot intelligent sur lui ; et encore mois d'un *sentiment* intelligent. Qu'il s'agisse de l'ample logique d'une sensibilité philosophique bien assurées et non d'un enchevêtrement de centaines de paradoxes anodins et hétérodoxies n'est pas venu comme je le crois à l'esprit de certains lecteurs, y compris les plus bienveillants. L'on a pas éprouvé quelque chose de semblable; L'on ne partage pas un millième de passion et de souffrance avec moi. Un « immoraliste » ? L'on n'y pense même pas.

Soit dit en passant : les Goncourt ont recours à la formule « *document humain* » dans chacun de leurs avant-propos . Toutefois, M. Taine serait également susceptible d'en être le véritable auteur.

Vous avez raison au sujet de l'invocation du tremblement de terre mais une telle don-quichotterie fait partie des choses les plus respectables sur terre.

Avec l'expression de ma considération la plus distinguée,

Votre Nietzsche

- 3 -

À Georg Brandes
Nice, le 19 février 1888.

Cher Monsieur,

Vous m'avez obligé de la manière la plus agréable avec votre article sur le concept « *modernité* » ; Car j'ai justement décrit cet hiver de larges cercles autour de cette question de valeur de premier ordre, de très haut, comme un oiseau, et avec la meilleure volonté d'épier la modernité de la manière la moins moderne possible... J'admire - je vous l'avoue ! - votre tolérance en matière de jugement tout autant que votre retenue en la matière. Comment vous laissez venir à vous tous ces « *bambins* » ! Même Heyse !

J'envisage pour mon prochain voyage en Allemagne de m'occuper du problème psychologique posé par Kierkegaard, de même que de renouveler ma connaissance de votre littérature ancienne. Cela me sera, au meilleur sens du mot, bénéfique, -et servira à « *porter* » ma propre dureté et impertinence en matière de jugement « *vers plus de sentiment* ».-

Hier mon éditeur m'a télégraphié que les livres qui vous sont destinés ont été expédiés. Je veux nous faire grâce à tous deux des raisons de ce retard. Faites, je vous en prie ; cher Monsieur, bonne figure face à ce « *jeu dangereux* », je veux dire face à cette littérature nietzchéenne.

Personnellement, je m'imagine avoir donné aux « *nouveaux* » Allemands les livres les plus riches, les plus intimement vécus et les plus indépendants qu'ils n'ont jamais possédés. De même s'agissant de ma personne, j'imagine personnellement être un événement capital dans la crise des jugements de valeur. Mais cela pourrait être une erreur ; et de surcroît une sottise - : je souhaiterais ne rien *devoir* croire sur moi. Quelques remarques : vous faites référence à mes premiers-nés (les *juvenilia* et juvenalia).

Le livre contre Strauss, le rire méchant d'un « *esprit très libre* » contre celui qui se tenait pour tel, fit un scandale prodigieux : j'étais à l'époque déjà professeur ordinaire, malgré mes vingt-quatre ans, et par conséquent un genre d'autorité et quelque chose qui avait fait ses preuves. La chose la plus impartiale concernant cette affaire, où quasiment chaque « *éminence* » prit parti, pour ou contre moi, et où une quantité insensée de papier fut imprimée, se trouve dans le tome II de *Peuples, époques et individus* de Carl Hillebrand.

Que je me sois moqué de la mauvaise œuvre sénile de ce critique sortant de l'ordinaire, ce n'était pas là le cœur de l'événement, mais plutôt que j'ai surpris *in flagranti* le goût allemand en train de faire preuve d'un mauvais goût des plus compromettants : il avait uniquement célébré *L'ancienne et la nouvelle foi de Strauss*, malgré toutes les différences religieuses et théologiques entre les partis, comme un chef d'œuvre de liberté et de finesse d'esprit (de style aussi!). Mon livre fut le premier attentat contre la culture allemande (cette « culture » qui comme l'on s'en glorifiait avait remporté la victoire sur la France-) ; l'expression que j'avais alors créée, « philistins de la culture », s'est extraite de cette furieuse polémique pour passer dans l'usage.

Les deux livres sur Schopenhauer et Richard Wagner constituent à ce qu'il me semble actuellement, plus des confessions, et surtout des promesses faites à moi-même, qu'une véritable psychologie de ces maîtres qui me sont tout autant apparentés qu'antagonistes (je fus le premier à avoir distillé un genre d'unité à partir de ces deux-là : aujourd'hui, cette superstition est au premier plan de la culture allemande : tous les wagnériens sont des adeptes de Schopenhauer. Il en allait autrement quand j'étais jeune : à l'époque, c'était les derniers hégéliens qui tenaient à Wagner et « Wagner et Hegel » sonnait comme une devise dans les années cinquante encore).

Entre les *Considérations inactuelles et Humain trop humain*, eut lieu une crise et une mue. Physiquement aussi : j'ai vécu une année durant dans le très proche voisinage de la mort. Ce fut ma grande chance : je me suis oublié, j'ai survécu à moi-même... J'ai accompli ce genre de tour de force à une autre reprise. -

Ainsi nous nous sommes échangés des présents : comme deux voyageurs qui se réjouissent de s'être croisés, j'imagine ?

Je reste votre très dévoué

Nietzsche

- 4 -

À Georg Brandes
Nice, le 27 mars 1888,

Cher monsieur

j'aurais souhaité pouvoir vous remercier beaucoup plus tôt pour cette lettre si riche et si réfléchie : mais il y a eu quelques ennuis avec ma santé, de sorte que j'ai pris du retard dans toutes les bonnes choses. Avec mes yeux, soit dit en passant, je possède un dynamomètre de mon état général : ils sont, après que l'essentiel ait recommencé à aller de l'avant, devenus plus résistants que je ne l'aurais jamais cru, - ils ont couvert de honte les prophéties des plus éminents ophtalmologistes allemands. Si ces messieurs Gräfe et *hoc genus omne*, avaient eu raison, j'aurais été aveugle depuis longtemps. Voilà où j'en suis désormais et c'est déjà assez terrible aux lunettes nr 3, mais je vois encore. Je mentionne cette misère parce que vous avez pris la peine de me le demander et parce que mes yeux étaient ces dernières semaines particulièrement faibles et irritables.

Vous me chagrinez avec votre nord, cette fois tout particulièrement hivernal et sinistre : comment fait-on au juste pour y préserver son âme ! J'admire presque chaque personne qui, sous un ciel couvert, ne perd pas la foi en lui-même, pour ne rien dire de la foi en « l'humanité », dans le « mariage », dans la « propriété », dans « l'État »... À Saint Pétersbourg, je serais nihiliste : ici je croît, comme le fait une plante, dans le soleil. Le soleil de Nice - ce n'est pas vraiment un préjugé. Nous l'avons obtenu au détriment du reste de l'Europe. Diel, avec son propre cynisme, le laisse briller au dessus de nous, fainéants,

« philosophes » et grecs plus radieusement sur les bien plus valeureuses « patries » militaro-héroïques. -

Au bout du compte, vous avez aussi choisi, avec l'instinct du nordique, le plus fort des stimulants qui existe pour supporter la vie dans le Nord, la *guerre*, l'affect *agressif*, l'expédition viking. J'ai deviné à partir de vos écrits le soldat entraîné : ce n'est pas seulement la médiocrité, mais encore peut-être le type très indépendant et très particulier de la nature de l'esprit nordique qui vous a durablement préparé au combat. Combien de « curé », combien de théologie pèse encore derrière tout cet idéalisme... Ce fut pour moi pire que le ciel couvert que de devoir m'indigner à propos d'affaires de *rien du tout* ! -

Votre expérience avec l'éditeur leipzigois, Monsieur Hermann Credner, je ne la comprends que trop bien. J'ai été également profondément engagé avec lui il y a deux ans, mais au premier signe de son absurde autoritarisme éditorial, j'ai eu une telle frousse que j'ai brusquement réclamé par télégraphe le retour de mon manuscrit. Il a été condamné l'année dernière parce qu'il s'était permis, dans une histoire de la nouvelle politique allemande, d'inverser la *tendance* générale de l'ouvrage en introduisant dans le dos de l'auteur une correction de dernière minute ! - Il est l'éditeur de la cour suprême du Reich. -

Voilà pour cette fois : c'est assez peu. Vos *Romantiques allemands*[3] m'ont fait réfléchir au fait que l'ensemble de ce mouvement n'est véritablement parvenu à son but que dans la musique (Schumann, Mendelssohn, Weber, Wagner, Brahms) : en tant que littérature, il demeure une grande promesse. Les français ont été plus heureux - Je crains d'être trop musicien pour ne pas être romantique. Sans musique, la vie serait pour

3- Georg Brandes, *Die Litteratur des 19. Jahrhunderts in einen Hauptströmung, Band II : Die romantische Schule in Deutschland*, Leipzig 1887

moi une erreur - En vous saluant, Cher Monsieur, de tout cœur et avec mes remerciements,

Votre Nietzsche

- 5 -

À Georg Brandes,
Turin, le 10 avril 1888,

Mon cher Monsieur, en voilà une surprise ! Où avez-vous trouvé le courage de vouloir parler publiquement d'un *vir obscurissimus*[4] ! ... Croyez-vous donc que je sois connu dans mon cher pays natal ? On me traite là-bas comme si j'étais quelque chose de singulier et d'absurde, quelque chose que l'on n'a, pour l'instant, pas besoin de prendre *au sérieux*... De toute évidence, ils sentent que je ne les prends pas non plus au sérieux : et comment le pourrais-je, de nos jours, où « l'esprit allemand » est devenu une *contradictio in adjecto* ?

Je vous remercie et je suis très obligé pour la photographie. Malheureusement, je n'en possède pas de mon côté : ma sœur, qui s'est mariée en Amérique du sud, a emporté avec elle la dernière que je possédais[5]. Ci-joint une petite biographie, ma première que j'ai écrite. En ce qui concerne les dates de rédaction de chaque livre, elles se trouvent sur la deuxième couverture de Par delà le bien et le mal. Peut-être ne possédez-vous plus cette page. *La naissance de la tragédie* a été rédigée entre l'été 1870

4- L'annonce que lui fit Brandes dans sa lettre du 4 avril 1888 de la série de conférences qu'il allait tenir à Copenhague l'année suivante.

5- Elisabeth Föster Nietzsche avait suivi son mari au Paraguay en vue de l'établissement d'une colonie allemande et elle revint en Allemagne en 1889.

et l'hiver 1871 (elle a été achevée à Lugano, où je vivais avec la famille du Maréchal Molkte. Les considérations inactuelles, entre 1872 et 1875 (il devait y en avoir 13 : malheureusement ma santé à dit non !).

Ce que vous me dites à propos de Schopenhauer éducateur me remplit de joie. Ce petit livre me sert de signe de reconnaissance : celui à qui il ne raconte rien de personnel, n'a vraisemblablement non plus rien à faire avec moi. Au fond il contient le schéma suivant sur lequel j'ai vécu jusqu'ici : il est une dure promesse.

Humain trop humain avec ses deux suites, l'été 1876-1879. *L'aurore*, 1880. *Le gai savoir*, janvier 1882, *Zarathoustra*, 1883-1885 (chaque partie en environ dix jours. État parfait d'un « inspiré », tout a été conçu en chemin, au cours de longues marches : assurance absolue, comme si chaque phrase avait été scandée. Simultanément, le sentiment d'une grande élasticité et d'une plénitude corporelle -).

Par delà le bien et le mal, l'été 1885 en Haute-Engadine et l'hiver suivant à Nice.

La généalogie, envisagée, réalisée et envoyée prête à imprimer à l'imprimerie leipzigoise entre le 10 et le 30 juillet 1887.

(Naturellement, il existe aussi des textes philosophiques de moi. Mais cela ne nous concerne plus ni l'un ni l'autre).

Je fais actuellement un essai avec Turin, je vais rester ici jusqu'au 5 juin, et ensuite me rendre en Engadine. Hivernal, dur, mauvais jusqu'ici. Mais la ville superbe, tranquille et charmant mes instincts. Le plus beau pavement du monde.

En vous saluant et vous remerciant, votre dévoué.

Nietzsche

Quelle misère que je ne comprenne ni le danois, ni le suédois[6]

Biographie. Je suis né le 15 octobre 1844 sur le lieu de la bataille de Lützen. Le premier nom que j'ai entendu fut celui de Gustave Adolphe. Mes ancêtres étaient des nobles polonais (Niëzki) ; il semble que le type se soit bien conservé malgré trois mères allemandes. À l'étranger, je passe habituellement pour un polonais ; cet hiver encore, on m'avait inscrit comme polonais sur le registre des étrangers à Nice. On me dit que ma tête apparaît dans les peintures de Matejko[7]. Ma grand-mère faisait partie du cercle Schiller-Goethe de Weimar. Son frère fut le successeur de Herder au poste de superinterdant général de Weimar. J'ai eu la chance d'être élève à la vénérable *Schulpforta* dont dont issues nombre de personnalités (Klopstock, Fichte, Schlegel, Ranke etc., etc.,) s'étant distinguées dans la littérature allemande. Nous avions des enseignants qui auraient fait honneur à n'importe quelle université (ou qui ont fait). J'ai étudié la philologie à Bonn et plus tard à Leipzig. Le vieux Ritschl, alors premier philologue d'Allemagne, me remarqua presque d'emblée. J'étais à vingt-deux ans collaborateur à la *Litterarischen Centralblattes* (Zarncke). La fondation d'une société philologique existant encore aujourd'hui est quelque chose qui me revient. L'hiver 1868-1869, l'Université de Bâle me proposa un poste de professeur ; je n'étais même pas docteur. L'Université de Leipzig me conféra le titre de docteur après-coup d'une manière très honorable et sans aucun examen et sans même la remise d'une thèse. De Pâques 1869 à 1879, je demeurais à Bâle. Il fallut que j'abandonne ma nationalité allemande car en tant qu'officier (artilleur à cheval), j'étais trop souvent appelé et cette charge serait venue à bout de ma

6- Brandes avait proposé à Nietzsche de lui envoyer un essai en danois sur le philosophe et dramaturge Ludvig Holberg et attiré simultanément son attention « *sur le seul génie de la Suède August Strindberg* ».

7- Nietzsche avait à l'origine mal orthographié le nom du peintre en Matejo. Or il s'agit du peintre romantique Jan Matejko (1838-1893) surtout connu pour avoir nourri l'imaginaire politique en Pologne.

fonction académique. Je ne m'y entendais pourtant pas trop mal avec deux armes : le sabre et le canon - et peut-être encore une troisième... Tout se passait très bien à Bâle malgré mon jeune âge ; il est arrivé que lors d'une soutenance de thèse notamment, que le candidat soit plus vieux que celui qui l'examinait. Je connus à cette époque un grand bienfait, en ce qu'une proximité très cordiale s'installa entre Jakob Burkhardt et moi : quelque chose d'inhabituel chez ce penseur très solitaire vivant à l'écart. Un plus grand bienfait encore consista dans le fait que dès le début de mon existence, je rentrai dans une intimité indescriptiblement proche avec Richard et Cosima Wagner qui vivaient alors dans leur propriété de Tribschen près de Lucerne, comme sur une île et comme détachés de toutes leurs relations passées. Nous avons pendant quelques années partagé beaucoup de choses, grandes et petites : il régnait une confiance sans limites (vous trouverez dans les œuvres complètes de Wagner (Tome 7) une « *lettre ouverte* » qui m'était adressée à l'occasion de *la naissance de la tragédie*). Avec mes relations j'ai rencontré un grand nombre d'hommes (et de femmes) intéressants, au fond presque tout ce qui pousse entre Paris et Saint-Petersbourg. Vers 1876 ma santé s'est détériorée. J'ai passé alors un hiver à Sorrente avec ma vieille amie, la baronne Meysenbug (*Mémoires d'une idéaliste*) et le sympathique Dr. Rée. Cela n'alla pas mieux. Un mal de tête extrêmement douloureux et tenace qui épuisa toutes mes forces se déclara. Il s'accrut durant les années au point de devenir une migraine chronique de sorte qu'à cette époque, l'année comptait pour moi deux cent jours de souffrance. Le mal devait avoir des causes exclusivement endémiques ; on n'a pu détecter aucun support neurologique. Je n'ai pas eu un seul symptôme de perturbation mentale ; aucune fièvre même, aucun évanouissement. Mon pouls était alors aussi lent que celui de napoléon 1er (= à 60). Ma spécialité était de supporter avec une parfaite clarté la douleur extrême, crue, verte, accompagnée de vomissements de glaire continus deux à trois jours de suite. On avait répandu la rumeur selon laquelle j'aurai séjourné dans un asile d'aliénés (ou que j'y serais mort). Rien n'est plus faux. Mon esprit était même en ces temps terrifiants particulièrement sagace. Témoin l'*Aurore* que j'ai écrit au cours d'un hiver d'une incroyable misère à Gènes à l'écart des médecins, des amis et des parents. Ce livre est un genre de « dynamomètre » pour moi ; je l'ai composé avec un *minimum* de forces et de santé. À partir de 1882, cela commença à aller mieux, très lentement toutefois : la crise semblait surmontée (-mon père est mort très jeune, exactement à l'âge où je fus moi-même au plus près de la mort) J'ai besoin encore aujourd'hui d'être extrêmement prudent ; quelques conditions de type climatique et météorologiques sont indispensables. Ce n'est pas par choix mais par contrainte que je passe l'été en Haute-Engadine et l'hiver sur la Riviera... Finalement la maladie m'a apporté le plus grand des avantages : elle m'a désenchaîné, elle m'a rendu le courage de moi-même... je suis également, de par mes instincts une bête courageuse, militaire même : la longue résistance a un peu exaspéré ma fierté. - Si je suis un philosophe ? - Mais qu'importe !...

- 6 -

À Georg Brandes,
Turin le 4 mai 1888

Cher Monsieur,

Ce que vous me racontez me fait un grand plaisir et plus encore, je le confesse - une grande surprise. Soyez assuré que je vous en « garderai rancune » : vous savez tous les solitaires sont « rancuniers » ?

Entre temps j'espère que ma photographie vous sera parvenue. Il va de soi que j'ai effectué les démarches, non pas pour le faire photographier (car je suis particulièrement méfiant à l'encontre du hasard des photographies) mais plutôt pour demander à quelqu'un qui possédait une photographie de moi de s'en *séparer*. Peut-être y-suis-je parvenu ; toutefois je n'en sais rien. Dans le cas contraire, je profiterai de mon prochain voyage à Münich (vraisemblablement cet hiver) pour me refaire représenter.

L'*Hymne à la vie* va entamer son voyage vers Copenhague ces jour-s-ci. Nous philosophes ne sommes jamais autant reconnaissants que lorsqu'on nous confond avec les artistes. On m'a certifié du reste, du côté des plus experts en la matière, que l'hymne était tout à fait dirigeable, *chantable* et solide du point de vue de l'effet (- « pur dans le phrasé »[8] : ce compliment est celui qui m'a procuré le plus de joie). L'excellent chef d'orchestre à la cour de Karlsruhe, Mord (le directeur, voyez-vous, des représentations du festival de Bayreuth) m'a parlé d'une possible représentation.

On m'annonce depuis l'Italie que les points de vue de mes deux Considérations inactuelles viennent d'être mis à l'honneur dans un rapport sur l'histoire de la littérature allemande, qu'un savant viennois, le Dr von Zdekauer, a fait pour le compte des archives historiques florentines. Le rapport se trouve dans ces mêmes archives.-

Ces semaines à Turin (où je demeurerai jusqu'au 5 juin) m'ont mieux réussi que n'importe quelles semaines depuis des années, - surtout philosophiquement. J'ai presque chaque jour atteint pendant une ou deux heures l'énergie qui me permet

8- Adoph Ruthard avait qualifié ainsi *L'Hymne à la vie* dans une lettre antérieure datée du 2 novembre 1887.

de voir l'ensemble de ma conception de haut en bas : là où la prodigieuse multiplicité de problèmes gisait étendue au dessous de moi comme un relief avec des lignes bien claires. Il faut pour cela un maximum de force, tel que je l'aurais à peine espéré chez moi. Tout est lié, c'était depuis des années dans un mouvement adéquat, on construit sa philosophie comme un castor, on est nécessaire et ne le sait pas : mais il faut que l'on voit le tout comme je l'ai vu maintenant pour y croire.-

Je suis si soulagé, si raffermi, de si bonne humeur, - j'accroche une petite queue de bouffon derrière les choses les plus sérieuses. De quoi tout cela dépend-il ? Ne devrais-je pas remercier ces bons vents du nord qui ne viennent pas toujours des Alpes ? - Ils viennent parfois aussi de *Copenhague* !

En vous saluant et en vous remerciant, votre dévoué

Nietzsche

- 7 -

À Georg Brandes
Turin le 23 mai 1888,

Cher Monsieur,

Je ne voudrais pas quitter Turin sans vous exprimer à nouveau à quel point vous avez participé à mon premier printemps réussi. L'histoire de mes printemps, depuis au moins quinze ans, a été en effet une histoire horrible, une fatalité de décadence et de faiblesse. Les lieux ne faisaient aucune différence ; c'était comme aucune recette, aucun régime ni aucun climat ne pouvait changer le caractère essentiellement dépressif de cette époque. Mais voilà ! Turin ! Et les premières bonnes nouvelles, vos nouvelles, cher Monsieur, qui me prouvaient que j'existais... J'ai parfois en effet l'habitude d'oublier que j'existe. Un hasard, une question m'a fait me rappeler ces jours-ci qu'une des notions principales de l'existence était comme effacée en moi, la notion « d'avenir ». Aucun souhait, aucun petit de souhait devant moi ! Une surface lisse ! Pourquoi un jour de ma soixante dixième année ne devrait-il pas ressembler à l'un de mes jours actuels ? - Ai-je vécu trop longtemps dans la proximité de la mort pour que mes yeux ne s'entrouvrent plus sur les belles possibilités ? - Mais ce qui est certain désormais, c'est que je me limite à penser de la veille pour le lendemain, - et que je fixe aujourd'hui ce qui doit se passer demain - et pas un jour plus tard ! Cela peut être irrationnel, non pratique, et peut-être même non chrétien - celui qui fit le sermon avait justement interdit ce souci des autres jours - mais cela me semble philosophique au plus haut degré. J'en eus pour moi plus de respect que je n'en avais déjà : - je compris que j'avais désappris d'avoir des souhaits sans même l'avoir voulu.-

J'ai employé ces semaines à cet effet : « inverser les valeurs » - comprenez-vous ce trope ? - Au fond, l'alchimiste est l'espèce d'homme la plus méprisante qui soit : je veux dire ceux qui à partir de choses médiocres et méprisées font quelque chose de précieux, de l'or même. Celui-là seul enrichit ; les autres ne font que faire du change. Ma tâche est très curieuse cette fois : je me suis demandé ce qui jusqu'à présent avait été le plus haï, craint, méprisé de l'humanité : - et c'est de cela précisément j'ai fait mon « or »...

Que l'on aille pas m'accuser de faux monnayage ! Mais c'est vraisemblablement ce que l'on fera.-

Est-ce que ma photographie est arrivée entre vos mains ? Ma mère m'a rendu le grand service de ne pas avoir à paraître ingrat dans un cas sortant autant de l'ordinaire. Espérons que l'éditeur leipzigois, E.W. Fritsch, aura également accompli son devoir et expédié l'Hymne.

Je confesse pour finir une curiosité. Vu qu'il m'a été interdit d'écouter aux portes pour apprendre quelque chose sur moi, j'aimerais bien pouvoir entendre querlque chose par un autre moyen. Trois mots pour caractériser les thèmes de chacune de vos conférences - combien je voudrais apprendre de ce trois mots !

En vous saluant, cher Monsieur, de tout cœur et avec dévouement,

Votre Nietzsche

À Georg Brandes
Turin le 27 mai 1888

Quels bons yeux vous avez ! Le Nietzsche de la photographie n'est pas dans les faits l'auteur du Zarathoustra, - il est de quelques années trop jeune pour cela.

Pour l'étymologie de « Gote », je vous suis très reconnaissant ; celle-ci est tout simplement divine ![9] - Je suppose que vous lisez aujourd'hui également une lettre de moi ?

Avec gratitude,

Votre Nietzsche

9- Nietzsche fait ici référence à la lettre de Georg Brandes datée du 23 mai à propos de la réfutation de l'origine du mot « gut ». Il y est également question de la photographie datée de 1882 que Nietzsche lui avait fait parvenir.

- 8 -

À Georg Brandes,
Sils Maria, le 13 septembre 1888.

Cher Monsieur,

Par la présente lettre, je me fait un vrai plaisir - à savoir me rappeler à votre souvenir : et ce avec l'envoi d'un petit livre méchant, mais se voulant malgré tout très sérieux qui, de plus, prit naissance au cours de ces bonnes journées à Turin. Il y eut à vrai dire entre-temps des mauvais jours en abondance : et un tel déclin de la santé, de courage et de « vouloir-vivre » pour parler comme Schopenhauer, que cette idylle de printemps me semble désormais à peine croyable. Par chance, je possède encore un document relatif à elle, *Le cas Wagner. Un problème de musiciens*. Les mauvaises langues liront *la chute de Wagner...*

Autant mais non sans bonnes raisons, vous vous défendez de la musique (-la plus importante de toutes les muses), autant vous devriez au moins jeter un coup d'œil sur ce morceau de psychologie musicale. Vous êtes, mon cher monsieur Cosmopolite, beaucoup trop tourné vers l'Europe pour ne pas entendre cent fois plus que mes prétendus compatriotes, les allemands « musiciens »...

Finalement, je suis dans ce cas un connaisseur *in rebus et personis* - et par bonheur, à ce point musicien par instinct que la toute dernière question de valeur relative au problème de la musique m'apparaît susceptible d'être résolue.

Au fond, ce livre est presque écrit en français, - il devrait être plus facile à traduire en français qu'en allemand.

Pourriez-vous me communiquer quelques adresses, en Russie ou en France, auxquelles il serait raisonnable d'envoyer ce livre.

Dans quelques mois, quelque chose de philosophique va entrer en ligne de compte : sous le titre bienveillant de *Loisir d'un psychologue*, je dirais au monde entier des choses obligeantes et désobligeantes - cela inclut la nation hautement spirituelle des Allemands.

Tout cela n'est à vrai dire qu'une détente *vis-à-vis de la chose principale* : cette dernière s'appelle *inversion de toutes les valeurs* - L'Europe aura besoin de découvrir une autre Sibérie pour y envoyer l'auteur de cette tentative d'évaluation.

J'espère que cette lettre gaie vous saluera dans un état parfaitement *résolu*, ainsi que vous en avez l'habitude.

Bien à vous, votre obligé

Dr Nietzsche

Adresse jusqu'à mi-novembre : Turin (Italie), Poste restante.

- 9 -

À Georg Brandes
Turin le 20 oct 1888

Cher et honorable Monsieur,

Un agréable vent du nord souffle avec votre lettre : au bout du compte, ce fut ici la seule lettre qui fit une « bonne mine », qui de manière générale fit une quelconque mine, devant mon attenta contre Wagner. Car on ne m'écrit pas. J'ai engendré chez mes proches et mes prochains une peur panique. Voilà par exemple que mon vieil ami, le baron von Seidlitz à Münich vient malheureusement de devenir président du cercle Wagner de Münich ; mon beau-frère, le Krug[10] à Cologne, président du cercle Wagner local. Mon beau-frère, le Dr. Bernhardt Förster en Amérique du sud[11], un antisémite assez connu, un des plus zélés collaborateurs des Bayreuther Blätter ; et ma très honorable amis Malwida von Meysenbug, l'auteur des *Mémoires d'une idéaliste*, fait toujours l'amalgame entre Wagner et Michel-ange.

On m'a fait comprendre d'autre part que je devais être sur mes gardes face à la « wagnérienne ». Elle n'a dans certains cas aucun scrupule - peut-être que depuis Bayreuth, on se protégera d'une manière impériale, typique de l'empire allemand, en faisant interdire mon livre - pour « atteinte à la moralité publique » : le kaiser est de parti-pris dans ce cas-là. On pourrait même comprendre ma phrase « *nous connaissons tous le concept inesthétique de junker chrétien* » comme un crime de lèse-majesté -

Votre intervention en l'honneur de la veuve de Bizet m'a fait un grand plaisir. S'il vous plaît, donnez-moi son adresse ; de même que celle du prince Urussow. Un exemplaire a été envoyée à votre amie, la princesse Dimitrievna Tenichev. En ce qui concerne ma prochaine publication, qui ne devrait maintenant plus se faire trop, attendre (-le titre est désormais : *Le crépuscule des idoles. Ou comment l'on philosophe à coup de marteau*), je souhaiterais également en envoyer un exemplaire à ce suédois que vous m'avez présenté avec des paroles si

10- Il s'agit de l'ami d'enfance de Nietzsche, Gustav Krug (1843-1902)

11- Il avait notamment fondé la colonie « *nueva Germania* » au Paraguay. C'est après son échec et la mort de son mari que Elisabeth Förster-Nietzsche revient en Allemagne s'occuper de la publication des œuvres de son frère, comme l'évoque rapidement Brandes dans son dernier texte.

distinguées[12]. Seulement je ne sais pas où il habite - ce livre est ma philosophie in nuce - radical jusqu'à en être criminel.

Sur l'effet de Tristan, j'aurais également quelque chose d'extraordinaire à raconter. Une bonne dose de torture de l'âme me semble être un excellent tonique avant le repas wagnerien. Le conseiller de la cour suprême du Reich, me Dr. Wiener à Leipzig, m'a fait comprendre qu'une cure à Karlsbad pourrait être utile à cet effet.

Ah que vous êtes vaillant ! Et moi idiot, qui ne comprend même pas le danois ! - Que l'on puisse justement « revivre » en Russie, je vous crois sur parole ; je compte n'importe quel livre russe, et par dessus tout Dostoïevski (traduit en français, grand Dieu pas en allemand!!) au nombre de mes grands soulagements.

De tout cœur et avec une bonne raison d'être *reconnaissant*.

Votre Nietzsche

- 10 -

À Georg Brandes
Turin, le 20 nov. 1888

Cher Monsieur,

Pardon de vous répondre sur le champ. Il y a actuellement dans ma vie des coïncidences curieusement sensées, qui n'ont pas leurs pareilles. Avant-hier tout d'abord ; puis aujourd'hui à

12- Il s'agit de Strindberg avec lequel il rentra en correspondance par la suite et qui avait lu Nietzsche dès 1885.

nouveau. - Ah si vous saviez ce que je venais d'écrire lorsque votre lettre m'a rendu visite...

Je me suis désormais raconté moi-même avec un cynisme qui va devenir historico-mondial : le livre s'appelle *Ecce homo* et est un attentat sans aucun égards *contre le crucifié* : il finit avec de tels coups de tonnerre et de tels orages contre tout ce qui est chrétien ou infecté par le christianisme que l'on en perdait la vue et l'ouïe. Je suis finalement le premier psychologue du christianisme et je peux en vieil artilleur que je suis avancer une pièce de gros calibre dont aucun adversaire du christianisme n'aurait seulement deviné l'existence. - Le tout est le prélude à *l'inversion de toutes les valeurs*, à l'œuvre *qui est là, achevée, devant moi* : je vous jure que dans deux ans nous verrons la terre entière secouée de convulsions. Je suis une fatalité. Devinez- vous qui, dans *Ecce homo*, s'en tire le plus mal ? En tant que l'espèce d'homme la plus équivoque, que la race la plus digne d'être maudite dans son rapport au christianisme ? Messieurs les Allemands. Je leur ai dit des choses terribles… Les Allemands ont par exemple sur la conscience d'avoir privé la dernière grande époque de l'histoire, la renaissance, de son sens - à un moment où les valeurs chrétiennes, les valeurs de décadence avaient le dessous, où elles étaient surmontées dans les instincts du plus haut clergé lui-même par les instincts opposés, les instincts de la vie ! ... *Attaquer* l'Église - cela voulait dire restaurer le christianisme - *César Borgia* pape - cela serait le sens de la Renaissance, son véritable symbole...

Vous ne devez pas mal prendre le fait que je vous aie fait apparaître à un moment décisif du livre - je viens de l'écrire - dans un cadre où je stigmatise le comportement de mes amis allemands à mon encontre ; le fait d'être laissé absolument de côté aussi bien du point de vue des honneurs que de celui de la philosophie.- Vous faites alors votre apparition, enveloppé dans un nuage de gloire...

Je crois absolument à ce que vous dites de Dostoïevski ; je l'estime d'autre part comme étant le plus précieux matériau psychologique que je connaisse, - je lui suis reconnaissant d'une manière tout à fait singulière, même s'il répugne beaucoup à mes instincts les plus élémentaires. C'est à peu près mon rapport à Pascal que j'aime presque, parce qu'il m'a appris infiniment : le seul chrétien *logique*...

Avant hier, j'ai lu ravi et en me sentant comme chez moi *Les Mariès* de Monsieur August Strindberg[13]. Ma sincère admiration que rien ne vient effleurer, si ce n'est le sentiment de m'y admirer un peu moi-même. Turin demeure ma résidence.

Votre Nietzsche, désormais monstre...

Où dois-je envoyer « Crépuscule des idoles ou comment philosopher à coups de marteau » ? Au cas où vous resteriez encore quatorze jours à Copenhague, ce n'est pas la peine de me répondre. -

- 11 -

À Georg Brandes
début décembre 1888

Cher ami, je tiens pour nécessaire de partager avec vous certaines choses de tout premier ordre : donnez votre parole d'honneur que toute cette histoire restera entre nous. Nous sommes entrés dans la Grande Politique, même dans la

13- Il s'agit plus exactement de *Mariès* (Giftas I-II, 1884). Nietzsche lira également la pièce intitulée Père (*Fadren*, 1887) et lui dira son admiration dans sa lettre du 27 nov. 1888.

plus grande de toutes... je prépare un événement qui va très vraisemblablement diviser l'histoire n deux, à un tel point qu il nous faudra un nouveau calendrier avec l'an 1888 comme An I. Tout ce qui est aujourd'hui en haut, triple-alliance, question sociale,s e dissoudra entièrement à la faveur d'un développement de l'opposition individuelle : nous aurons des guerres comme il n'y en a jamais eu mais pas entre nations ni entre classes : tout cela volera en éclat - je suis la plus effrayante dynamite qui soit. Je veux commander dans trois mois la sortie d'une édition manuscrite de (*L'Antéchrist. Inversion de toutes les valeurs*), elle restera entièrement secrète elle servira d'édition d'agitation. J'ai besoin de traduction dans toutes les principales langues européennes : quand enfin cette œuvre sortira, j'estime à un million d'exemplaires dans chaque langue le premier tirage. J'ai pensé à vous pour l'édition danoise, à Monsieur Strindberg pour la suédoise. - Vu qu'il s'agit d'un coup pour anéantir le christianisme, il est évident que la seule puissance internationale qui ait un intérêt instinctif à l'anéantissement du christianisme, ce sont les juifs -, Ici, il y a une hostilité instinctive, pas quelque chose d'imaginé comme chez n'importe quel « esprit libre » ou socialiste - que diable ai-je à faire des esprits libres. Par conséquent, nous devons être sûrs de toutes les puissances résolues de cette race en Europe et en Amérique - car pour tout cela, un tel mouvement a besoin du grand capital. C'est là le seul terrain naturellement préparé pour la plus grande des guerres décisives de l'histoire : le reste des partisans sera pris en considération seulement après-coup. Cette nouvelle puissance qui se constituera ici pourra être en un tour de main la première puissance mondiale : en concédant que tout d'abord les classes dirigeantes prennent le parti du christianisme, le mal sera coupé à la racine dans la mesure où tous les individus forts et vivants se *sépareront immanquablement* d'eux. Que toutes les races spirituellement malsaines ressentent à cette occasion dans le christianisme la foi des maîtres et prennent par conséquent parti pour le mensonge, on n'a pas besoin d 'être psychologue pour le deviner. Le résultat est qu'ici la dynamite fera sauter toute l'organisation de l'armée, toute constitution : que l'opposition ne constituera rien d'autre et subsistera sans l'expérience de la guerre. Somme toute, nous aurons les officiers : dans leurs instincts, pour nous : qu'il soit au plus degré déshonorant, lâche, malpropre d'être chrétien, tel est le verdict que l'on tire infailliblement de mon antéchrist. - D'abord paraîtra *Ecce homo* dont j'ai parlé dans lequel le dernier chapitre donne un avant goût de ce qui est sur le point d'arriver et où j'entre moi-même en scène comme l'homme de la fatalité...). En ce qui concerne le Kaiser, je connais la manière de traiter ces sombres idiots : cela donnera la mesure d'un officier réussi. Frédéric le grand était meilleur, il aurait tout de suite été dans son élément.- Mon livre est comme un volcan : on a aucune notion dans la littérature passée de ce qui va être dit dit ici et comment soudain les plus profonds mystères de la nature humaine surgissent avec une effroyable clarté. Il y a là-dedans une manière de condamner à mort qui est parfaitement surhumaine. Et avec cela, un calme et une hauteur grandioses soufflent sur le tout - c'est vraiment un jugement dernier, bien que rien ne soit trop petit et discret, pour ne pas être aperçu et porté en pleine lumière. Quand en fin vous lirez la loi contre le christianisme signée « l'antéchrist » qui termine ce livre, qui sait si peut-être vous aussi je le crains, ... vous ne tremblerez pas de tous vos os...

La loi contre le christianisme a comme sous titre : guerre à mort au vice : le vice est le christianisme.

Le premier principe : vicieuse est toute forme

de contre-nature ; l'espèce la plus vicieuse d'homme est le prêtre : celui-là enseigne la contre-nature. Toute mépris de la vie sexuelle, toute souillure de celle-ci à travers le concept d'impureté est le véritable péché contre l'esprit saint de la vie.

Le principe 6 c'est - On donnera à l'histoire sainte le nom qu'elle mérite en tant qu'histoire maudite ; on emploiera les mots de « Dieu », « messie », « rédempteur », « saint » comme des injures pour désigner les criminels.

Inversion de toutes les valeurs ? Ici en premier sera...

Si nous vainquons, nous aurons le gouvernement de la terre entre nos mains, y compris la paix universelle... Nous aurons surmonté les absurdes frontières de la race, de la nation et des classes : il ne restera plus de hiérarchie qu'entre l'homme et l'homme et même une échelle hiérarchique immensément longue.

Vous avez là le premier texte universellement historique : la grande politique par excellence.

N.B. Cherchez moi un maître comme premier traducteur - il ne me faut que des maîtres de la langue.

- 12 -

À Georg Brandes
4 janvier 1889,

Après que m'as eu découvert, il n'a pas été trop dur de me trouver : la difficulté est désormais de me perdre...

Le Crucifié

IV

ANNEXE

Annexe au texte des conférences, 1900 (Samlede Vaerker VII, Gyldendalske Boghandel Forlag, Hegel og Søn, Copenhague, 1901).

Il arrive parfois que la mort d'une grande personnalité ramène au souvenir le nom à demi-oublié d'une personne et l'on exhume l'espace d'un court moment les relations, les circonstances, les œuvres et les actions qui donnèrent à ce nom son éclat. Bien que Frédéric Nietzsche se soit pour ainsi dire survécu à lui-même dans sa folie tranquille des dernières années, il ne sera guère besoin de faire revivre ses travaux et sa réputation. Car pendant les années où il sombrait dans la nuit de la folie, son nom acquit un éclat sans commune mesure et ses œuvres sont traduites dans toutes les langues majeures, et connues partout.

Pour ceux, plus âgés, qui ont suivi Nietzsche depuis l'époque où il menait un combat fastidieux et rempli d'amertume contre l'indifférence complète du monde des lettres, la vitesse foudroyante avec laquelle il s'est acquis une renommée mondiale a en soi quelque chose d'extrêmement surprenant. Aucun de ses contemporains n'a vécu quelque chose d'analogue. Au cours des cinq-six dernières années, l'orientation spirituelle de Nietzsche (partiellement comprise, incomprise ou volontairement caricaturée) est devenue prédominante dans la plus grande partie de la littérature de France, d'Allemagne, de l'Angleterre, de l'Italie, de la Norvège, de la Suède et la Russie. On constate par exemple l'influence de cette forme d'esprit sur Gabriele d'Annunzio. Le plus tragique dans la vie de Nietzsche provient sans doute du fait que celui qui était maladivement assoiffé de reconnaissance ne l'atteignit que dans une proportion fantastique alors même qu'il vivait encore, exclu de la vie. Il est malgré tout certain que dans les années 1890-1900 personne n'a à ce point occupé les esprits et son temps que ce fils de pasteur nord-allemand qui voulait à tout prix être reconnu comme un noble polonais et dont la fierté était telle que ses œuvres étaient pensées en français et écrites en allemand. Les petites faiblesses de sa nature tombèrent dans l'oubli derrière la grandeur du style qui communiqua à sa vie et à ses productions.

Pour montrer sur quoi repose le triomphe aussi rapide qu'écrasant de Nietzsche, il faut posséder au préalable certaines clés des endroits cachés de la vie psychologique de notre temps. Il a ensorcelé le temps en paraissant aller à l'encontre de tous ses instincts. L'époque est en apparence démocratique; il a trouvé sa distinction (yndest) en tant qu'aristocrate. L'époque se tient sur la crête de la vague montante de la réaction religieuse; mais il a vaincu comme non-religieux. Le temps s'affaire autour de questions sociales d'une manière complexe et extensive; Lui, le penseur de ce temps, a laissé ces questions de côté comme subordonnées. Il était un ennemi de l'humanité contemporaine et de sa doctrine du bonheur. Il avait la passion de montrer à quel point la bassesse et la platitude pouvait se cacher sous la pitié, l'amour du prochain et l'altruisme. Il a combattu le pessimisme et honnissait l'optimisme. Il attaqua la morale des philosophes avec la même violence avec laquelle les penseurs des Lumières avaient attaqué les dogmes théologiques. De même qu'il était athée au plan religieux, il devint immoraliste par morale. Les esprits voltairiens contemporains ne pourraient si facilement l'intégrer parce qu'il est aussi un mystique; quant aux anarchistes, il le rejetterait comme un fanatique de la domination et de l'esprit de caste.

Cependant, il doit aussi s'être profondément accordé avec beaucoup de choses qui fermentait dans le temps. Il n'aurait pas été, autrement, célébré comme il l'a été. Le fait d'avoir connu Nietzsche ou d'avoir été en relation avec lui rend en ce moment même célèbre un auteur, voire même beaucoup plus que tout ce qu'il a écrit.

En tant que jeune homme, Nietzsche a particulièrement admiré chez Schopenhauer et Richard Wagner « *l'énergie indomptable avec laquelle il garde confiance en eux-mêmes au dessus de la mêlée du monde au dessous d'eux* ». Il s'appropria cette confiance et ce fut la première chose qui s'imposa.

Par la suite, l'artiste en lui a vaincu ceux à qui les aphorismes du penseur étaient obscurs. Avec toute l'acuité de son esprit, il fut essentiellement un auteur lyrique. À l'automne 1888, il écrit de Heine : « *comme il a méprisé les allemands ! On dira un jour que Heine et moi furent sans comparaison possible les plus grands artistes de la langue allemande* ». Un non-allemand est un juge peu qualifié de la manière dont Nietzsche traite le langage. De nos jours, les allemands qui entendent quelque chose à l'art se sont accordés pour dire qu'il fut le plus grand styliste de la prose allemande.

Il s'est particulièrement imposé à l'époque par sa profondeur psychologique et sa dissimulation. Il y a dans sa vie mentale des abîmes et des labyrinthes. L'observation de lui-même lui a procuré ample matière à examen. Mais il ne se satisfait pas d'une telle introspection. Le désir de connaissance le brûle comme une passion. Il l'appelle son mal de mer : « *Dans cette âme ne réside aucun altruisme; non, au contraire; non au contraire, en elle réside un soi désirant tout et s'efforce de voir avec les yeux des autres et se saisir avec leurs mains comme s'ils s'agissait des siens. Cette âme veut plutôt faire revenir tout le passé et ne rien laisser passer d'essentiel dans ce qui lui appartient. Quelle flamme n'est pas mon mal de mer !* ».

L'élément lyrique et l'élément critique étaient également fortement développés chez lui et liés en une chaîne indissociable. C'est aussi bien ce qui provoquait les retournements dans ses relations aux personnes qui prenaient dans le cours de sa vie (à peu près comme Søren Kierkegaard) quelque chose de l'attitude qu'il aurait pu avoir. Quand une grande personnalité le rencontrait, il appelait à sa rescousse tout son talent lyrique et frappait à grands coups d'épée le bouclier de l'adversaire tel un demi-dieu ou un Dieu (Schopenhauer et Richard Wagner).

Lorsqu'il découvrait plus tard la limitation de celui qui avait été divinisé, son admiration pouvait se transformer en haine et cette haine, à son tour, lui redonnait du souffle sans le moindre respect envers la vénération antérieure. Ce trait de caractère se manifeste de manière frappante dans l'attitude de Nietzsche à l'égard de Wagner - malgré tout, qui sait si cette absence de retenue n'a pas contribué à sa manière à procurer à Nietzsche des admirateurs dans une époque sur ce point précis bien dépourvue de scrupules !

Dans la dernière partie de sa vie, Nietzsche est plutôt apparu comme un prophète que comme un penseur. Il prophétise au sujet du *Surhomme*. Il ne cherche guère à démontrer quoique ce soit d'une manière logique mais il part de la confiance en la justesse et la rectitude de son instinct, persuadé qu'il est lui-même de représenter un principe étranger à la vie et pour ses adversaires d'être un ennemi de la vie.

Le but de l'existence est selon lui la production du génie. L'individualité supérieure de nos jours est comme un chaudron où l'avenir de l'espèce est en gésine quoique d'une manière impénétrable et plus d'un s'est brisé et a volé en éclat. Mais ce n'est pas parce qu'une créature individuelle périt que l'espèce humaine échoue. L'homme, tel que nous le connaissons, est seulement un pont, un passage entre l'animal et le surhomme. Ce que le singe est à l'homme, quelque chose de grotesque ou l'objet d'une pénible honte, l'homme l'est à l'égard du surhumain. Jusqu'à présent, toutes les espèce sont produit quelque chose qui était plus élevé qu'elles-mêmes. Nietzsche enseigne que l'homme aussi doit le faire et le vouloir. Il a tiré la formule de conclusion du darwinisme que Darwin lui-même n'avait pas vu.

Dans la dernière décennie du 19ème siècle, Nietzsche a représenté le pôle le plus opposé à celui de Tolstoï. Sa morale est aristocratique autant que celle de Tolstoï est populaire et commune, elle est individualiste autant que la seconde est évangélique, elle élève l'auto-glorification de l'individu comme Tolstoï affirme la nécessité du sacrifice de l'individu. Quelle que soit la destination de la doctrine de Nietzsche et ce que sa grande et forte personnalité s'est appropriée, elle attire et repousse fortement à la fois. Quoiqu'il en soit, elle apportera sa contribution à la formation et au développement de la personnalité individuelle.

BIBLIOGRAPHIE

SUR LA CORRESPONDANCE DE NIETZSCHE

- Giorgio Colli, Mazzino Montinari *Nietzsche Briefwechsel*, kristische Gesamtausgabe, Berlin-New York, De Gruyter, 2000.
- *Dernières lettres* trad. Catherine Perret, Paris, Rivages Poches, 1998
- *Nietzsche, Dernières lettres hiver 1887 - hiver 1889* (de la volonté de puissance à l'antéchrist), traduction, présentation et notes par Yannick Souladié, éditions Manucius, Paris 2011.

LITTÉRATURE GÉNÉRALE

- *Balzamo (E.), Auguste Strindberg, visages et destins*, Viviane Hamy, Paris, 1998.
- *Beyer (E.) Henrik Ibsen,* Cappelens Forlag, Oslo, 1978.
- Beyer (H.) : *Nietzsche og Norden I-II,* Universitetetsaarsbok, Bergen, 1958-1959.
- Brandes (G.) *Henrik Ibsen*, Copenhague/Christiania, 1898.
- Cauly (O.), *Mise(s) en scène de la répétition*, l'Harmattan, Paris, 2012.
- Cauly (O.), *Les philosophies scandinaves*, Que sais-je ? PUF, Paris 1998.
- Cauly (O.), *La philosophie dans les pays du nord*, Encyclopédie philosophique universelle, Le discours philosophique, Tome IV, PUF, Paris.
- Høffding (Harald), *Danske philosopher*, Copenhague, 1909.
- Ibsen (Henrik), Dramaer I-III, Gyldendal norsk Forlag, Oslo, 1977. Œuvres complètes, Gallimard, la Pléïade, Paris, 2006.
- Ibsen (henrik), *Être soi-même*, Les belles lettres, Paris, 2002.
- Ibsen (Henrik), *Correspondance* (lettres à ses amis), Perrin, Paris, 1906.
- Meyer (Michael), Strindberg, Gallimard, paris, 1993.
- Meyer (Michael), *Henrik Ibsen (a biography)*, Londres, Mac Donald, 1967.
- Milosevic (N.), *Nietzsche et Strindberg*, Lausanne, 1997.
- Strindberg (A.), Samlade Skrifter (éd. John Landquist), vol. I-LV, Stockholm 1912-1919 ; *Samlade Verk* (national upplaga, éd. L. Dahlbäck), Stockholm, 1981

TABLE DES MATIÈRES

Structures éditoriales du groupe L'Harmattan

L'Harmattan Italie
Via degli Artisti, 15
10124 Torino
harmattan.italia@gmail.com

L'Harmattan Hongrie
Kossuth l. u. 14-16.
1053 Budapest
harmattan@harmattan.hu

L'Harmattan Sénégal
10 VDN en face Mermoz
BP 45034 Dakar-Fann
senharmattan@gmail.com

L'Harmattan Cameroun
TSINGA/FECAFOOT
BP 11486 Yaoundé
inkoukam@gmail.com

L'Harmattan Burkina Faso
Achille Somé – tengnule@hotmail.fr

L'Harmattan Guinée
Almamya, rue KA 028 OKB Agency
BP 3470 Conakry
harmattanguinee@yahoo.fr

L'Harmattan RDC
185, avenue Nyangwe
Commune de Lingwala – Kinshasa
matangilamusadila@yahoo.fr

L'Harmattan Congo
67, boulevard Denis-Sassou-N'Guesso
BP 2874 Brazzaville
harmattan.congo@yahoo.fr

L'Harmattan Mali
Sirakoro-Meguetana V31
Bamako
syllaka@yahoo.fr

L'Harmattan Togo
Djidjole – Lomé
Maison Amela
face EPP BATOME
ddamela@aol.com

L'Harmattan Côte d'Ivoire
Résidence Karl – Cité des Arts
Abidjan-Cocody
03 BP 1588 Abidjan
espace_harmattan.ci@hotmail.fr

L'Harmattan Algérie
22, rue Moulay-Mohamed
31000 Oran
info2@harmattan-algerie.com

L'Harmattan Maroc
5, rue Ferrane-Kouicha, Talaâ-Elkbira
Chrableyine, Fès-Médine
30000 Fès
harmattan.maroc@gmail.com

Nos librairies en France

Librairie internationale
16, rue des Écoles – 75005 Paris
librairie.internationale@harmattan.fr
01 40 46 79 11
www.librairieharmattan.com

Lib. sciences humaines & histoire
21, rue des Écoles – 75005 Paris
librairie.sh@harmattan.fr
01 46 34 13 71
www.librairieharmattansh.com

Librairie l'Espace Harmattan
21 bis, rue des Écoles – 75005 Paris
librairie.espace@harmattan.fr
01 43 29 49 42

Lib. Méditerranée & Moyen-Orient
7, rue des Carmes – 75005 Paris
librairie.mediterranee@harmattan.fr
01 43 29 71 15

Librairie Le Lucernaire
53, rue Notre-Dame-des-Champs – 75006 Paris
librairie@lucernaire.fr
01 42 22 67 13

www.ingramcontent.com/pod-product-compliance
Lightning Source LLC
LaVergne TN
LVHW010431230826
846092LV00009BA/1122

* 9 7 8 2 3 4 3 2 0 5 2 5 0 *